"월세내는 직장인 VS 월세받는 직장인"

직장인, 월세 받는 빌라 한 채 가지기

전권영 지음

빌라투자 추천도서

직장인월세연구소 전권영 대표의 이야기와 깨달음

"난 월세 받는 투자자가 되었다. 이제는 억만장자 사업가의 길을 간다!"

퓨쳐 인베스트

| 목차 |

01 전권영의 〈직장인 월세 연구소〉_ 8

전권영의 〈직장인 월세 연구소〉란? _ 9
월세 받는 투자! 이제는 해야 할 때 _ 11
월세 투자는 이 순서만 따라가라 _ 31
월세 받는 데 꼭 필요한 투자 마인드 _ 42
직장인월세연구소 전권영 대표의 투자 스토리 _ 51
인생을 변화시킨 동기, 목적있는 삶의 시작 _ 54

02 직장인, 〈월세 받는 빌라〉가 답이다! _ 56

월세 투자, 직장은 왜 필요한가? _ 57
누구나 할 수 있지만 쉽지 않은 것은? _ 62
끝없는 질문과 해답을 찾는 방법 _ 69
부동산투자, 이것은 알고 하자 _ 75
쉽게 쉽게 생각하라 _ 79

03 평범한 직장인에서

"월세 5번 받는 남자"로 _ 84

월세 투자의 첫걸음, '종잣돈' 만들기 _ 85
월세투자, 시작하기 전 준비할 것들 _ 89
직장인을 위한 맞춤, 수익형 부동산 _ 93
첫 번째 투자, 집주인이 되다 _ 99
두 번째 투자, 새로운 인생의 시작 _ 120
플피(플러스피)를 알아?! _ 137
네 번째 투자, 4호도 신축. 고의는 아니야. _ 154
다섯 번째 투자, 이제부터 진짜 시작이다. _ 164

04 월세 받기 전에 꼭 알아야 할 것들 _175

발품은 반드시 필요하다 _ 176
신축빌라 투자 이건 반드시 확인하자 _ 178

05 내 인생, 그리고 가족의 인생을 위한 시작 _ 183

뿌듯한 경험(실거주 편) _ 184
뿌듯한 경험(투자 편) _ 192

06 당신의 꿈은 무엇인가? _ 200

일론 머스크가 되고 싶었다 _ 201
아이언맨을 꿈꾸는 남자 _ 206
토니 스타크가 되고 싶은 남자 _ 209
부동산 분야에서의 내 사명과 소명 _ 213

직장인, 월세 받는 빌라 한 채 가지기

PART _ 1
전권영의 〈직장인 월세 연구소〉

"모든 직장인들이 한 달에 월세 5번 받는 그날까지!"
- 전 권 영 -

전권영의 〈직장인, 월세 받는 빌라 한 채 가지기〉
전권영의 〈직장인 월세 연구소〉란?

직장인이여. 더 이상 월급에만 의존하는 삶은 버려라.

"직장인도 월급 외 소득, 즉 월세를 받을 수 있다!"
"직장인이 안정적으로 투자할 수 있는 방법이 있다. 소중한 내 돈은 지키면서 월급 외 안정적인 소득을 올리자!"
"직장인이 직장을 다니면서 안정적으로 월세를 받을 수 있는 투자방법!"

바로 부동산 소액 월세 투자다. 이 방식은 빌라나 오피스텔에 투자하는 방식으로 매달 꾸준히 월세를 받는 방식이다.

이 부동산 소액 월세 투자는 자기자본, 월세 보증금, 담보 대출 등으로 구성된다.

하나의 부동산을 취득하면서 부동산 매입금액의 대부분은 담보대출이 차지하며 일부는 월세 보증금, 나머지는 자기자본을 들이는 방식이다.

은행에서 대출받아 매달 납부하는 은행 이자는 매달 일정하게 들어오는 월세에서 차감되고 남는 차액이 순수한 월세 순수익금이 되는 것이다.

전권영의 〈직장인, 월세 받는 빌라 한 채 가지기〉
월세 받는 투자! 이제는 해야 할 때

직장은 안정적이다?

대부분의 청년들과 중장년층은 직장 이외엔 소득활동이 없다. 결혼을 해서 한 가정의 가장이 되면 주말에 알바를 하거나 야간에 대리운전을 하는 등 한가지 이외의 소득활동을 하는 모습을 간혹가다 볼 수 있었다.

하지만 일반적인 경우 대부분의 20대 후반에서 60대까지는 하나의 직장을 다니는 것으로 만족하거나 현 상태를 유지하기에 급급하다. 이것은 현실이다.

대기업을 살펴보자. 미취업자들이나 대기업으로의 이직을 희망하는 사람들은 대기업에 들어가길 원하지만 그 후 몇 년, 또는 퇴직할 때까지는 생각하지 않는다. 오로지 대기업으로의 취업만을 위해 앞만 보고 달린다.

오해는 하지 말자. 대기업에 다닌다는 것은 자부심을 가질 만한 일이다. 나쁘다는 게 아니다. 더 높은 연봉, 더 나은 복지 수준 등 혜택이 많다.

하지만 대기업도 어디까지나 고용된 직원에 불과할 뿐 언제 이직, 퇴직하게 될지 두려운 건 사실이다. 대기업을 다니다 스스로 퇴직을 결심한 사람들도 적지 않다. 중소기업은 오죽하겠는가?

미 취업상태에서는 취업을 꿈꾸고, 취업이 되었다면 그 자리를 지키기 위해 안간힘을 쓰거나 보다 나은 근무환경을 찾아 떠나는 게 사람이다.

그것은 더 나은 미래를 향한 끊임없는 욕구의 표출이기도 하지만 지금의 생활이 언제까지 계속될지 알 수 없다는 불안함도 포함되어 있다.

실제로 나는 회사의 재정 문제로 두 번의 실업을 겪었다. 놀라운 것은 내가 근무했던 회사는 주식시장에 등록된, 어느 정도 규모를 이룬 중견기업이었으며 매출액 또한 상당한 회사였다.

우리나라 굴지의 대기업에 중요한 부품들을 납품했으며 다양한 신규 사업으로 회사의 규모가 한참 커지고 있던 회사였다.

그런 상당히 큰 규모의 회사도 결국 한순간에 재정 문제로 휘청이다가 결국 무너져 버렸다. 뉴스에서나 보던 장기 임금 미지급, 실업 등을 실제로 겪은 것이다.

이런 일을 한번 겪고 나니 겪지 않아도 될 일을 겪어 참 좋은 인생 공부했다고 생각했었다. 신기하게도 다음에 취업한 회사 역시 비슷한 이유로 퇴사를 할 수밖에 없었다.

대부분의 직장인들은 매달 꼬박꼬박 월급을 받는다. 정말 전체 회사원 중에 극히 일부만이 나와 같은 경우를 겪어 보았을 것이다.

하지만 당신이 지금 받고 있는 월급이 당장 다음 달부터 며칠 지연돼서 지급된다면? 한 달 이상 지연되어 지급된다면? 이런 말이 있다.

"건강은 건강할 때 지키는 것이다."

이번 달 월급날이 곧 다가와서 기분이 좋은가? 월급날은 다가오지만 나갈 돈 때문에 걱정이 많은가? 이런 생각을 한다는 건 굉장히 행복한 것이다.

적어도 제때 급여가 지급된다는 걸 의미하기 때문이다. 안정적이라는 단어에 숨어있는 월급의 함정, 그걸 겪기 전에 깨닫기 바란다. 지금도 늦지 않았다.

직장보다 더 안정적인 월급, 부동산 월세

직장에서 받는 급여, 즉 월급은 안정적일 수 있으나 안정적이지 않을 수도 있다고 말하였다. 그럼 월세는 어떨까? 월세도 월급과 같다.

대한민국 수많은 근로자들 중에 월급 밀리는 사람이 몇이나 되겠는가? 아마 극소수 일 것이다. 월세도 마찬가지다. 월세도 매달 꾸준히 들어온다. 어찌 보면 월세가 더 변수가 많을 수도 있다.

세입자가 월세를 늦게 보낼 수도 있고, 갑자기 일이 생겨 방을 빼야 한다고 할 수도 있고, 월세를 안 내고 잠적할 수도 있다. 그럼에도 불구하고 월세는 월급보다 안정적이다.

직장은 그만두거나 그만두어야 하는 상황이 올 수 있지만 월세를 받는 부동산은 내가 매각하지 않는 이상 세입자는 계속 있을 것이고 월세는 매달 들어올 것이기 때문이다.

꼬박꼬박 매월 들어오는 월세 파이프라인을 구축하라!

우리가 살아가면서 잊고 있는 사실이 한두 가지가 아니지만 그중에서도 중요한 사실이 있다면 바로 시간에 대한 효율적인 활용일 것이다.

나는 시간이 지남에 따라 돈보다 시간이 중요하다는 것을 깨달았다. 무료도로인 국도를 이용하는 것보다 비용을 지불하더라도 더 빠른 고속도로를 이용한다.

몇 십분 또는 십수 분을 아끼기 위해 버스나 지하철보다는 택시를 이용한다. 반드시 이동을 해야 하는 일이 아니라면 전화로 해결한다. 그리고 내가 잘 모르는 일은 전문가에게 맡긴다.

잘 모르는 일을 전문가에게 맡기는 것은 한 가지 주의해야 할 점이 있다. 나도 어느 정도는 알아야 한다는 것이다. 아무것도 모르고 맹목적으로 믿었다가 뒤통수 맞는 일을 간혹 볼 수 있었다.

모르는 분야에 대해 충분한 공부가 필요하긴 하지만 우리에겐 그럴 시간이 많지 않다. 때문에 전문가에게 맡기는 것이지만 그들과 대화하기 위해서는 어느 정도는 알아야 하지 않을까?

부동산 투자에 관심을 가지고 공부를 시작하면서 투자를 하기로 결심했다면 일부는 전문가에게 맡겨도 좋다. 하루 24시간 동안 우리는 약 6~8시간 정도 잠을 잔다.

깨어있는 시간 중 대부분의 시간은 근로에 할애한다. 월급 때문이다. 많은 월급을 받는 사람, 적은 월급을 받는 사람, 월급의 양도 다 다를 것이다. 대부분의 사람들은 자신의 소중한 시간을 근로에 소모하며 그 대가로 급여를 받는다.

만약 당신이 하나 이상의 부동산을 가지고 있다면, 특히 다달이 월세가 나오는 부동산 물건을 가지고 있다면 가만히 있어도 아무것도 하지 않아도 매달 월세가 들어올 것이다.

이 얼마나 효율적인 소득활동인가? 월세 투자물건을 소유하기까지 과정에 사용한 시간은 어쩔 수 없지만 일단 소유하게 되면 신경 쓸 일이 거의 없다. 내 시간을 얼마든지 나만의 시간으로 활용할 수 있다.

그러면서도 꼬박꼬박 월세는 들어온다. 이러한 월세 투자물건을 하나 둘 늘려가 보자. 어느새 당신은 월급보다 많은 월세를 받게 될 것이고 직장을 다니는 일, 월급에 대한 스트레스에서부터 점점 자유로워질 것이다.

은퇴 후 노후준비를 월세 투자로 시작하라

'100세 시대'라는 말은 이미 오래전부터 들려오기 시작했다. 아마 120세, 150세 200세 시대가 올 거라는 말도 전혀 이상하지 않게 될 것이다. 그러면서 우리는 주변에서 이런 말을 흔하게 듣게 되었다.

'노후준비'
'당신의 노후는 안전한가?'

굉장히 자극적이다. 혹한다. 평소에는 생각지도 않다가도 이런 단어를 듣거나 보게 되면 걱정되기 시작한다.

'아직 결혼도 하지 않았는데'
'모아놓은 돈도 없는데'
'이제 막 결혼했는데'
'아이가 셋인데'
'아이가 중학생인데'

등등 수많은 생각이 교차하면서 걱정이 되기 시작한다. 어떻게 준비는 해야 할 것 같은데 방법은 없고 하필이면 그놈의 돈은 항상 없다. 뭘 어떻게 해야 할지, 어디서부터 해야 할지

앞이 깜깜하다.

지금까지 내가 해왔던 부동산 투자들 또한 종잣돈 없이는 불가능하다. 아예 안 되는 건 아니지만 그래도 어느 정도 자금은 필요하다. 하지만 생각했던 것보다 그렇게 어마어마한 자금이 소요되는 것이 아니다.

하나만 잘 만들어 놓으면 그다음 투자는 보다 더 쉬워지고, 그렇게 하나하나 만들어 가다 보면 당신은 어느새 부동산 부자가 되어 있을 것이다.

이렇게 부동산이 늘어나게 되면 가장 좋은 것은 마음이 편안해진다. 부자 마인드가 생김과 동시에 월세로 인해 노후준비에 대한 부담이 확 줄어든다.

부동산 투자를 하면서 근로소득 외 소득이 발생하기 시작했다. 그러면서 자연스럽게 다른 투자에도 눈이 갈 수밖에 없었다. 주식/선물투자, 은행의 예/적금 상품, 보험 상품들과 비교하게 된 것이다.

특히 은행에 가게 되면 창구에 놓여 있는 여러 보험회사들의 보장성 상품, 연금형 상품들을 유심히 보게 된다. 그렇게 보다 보면 너무나 생각이 명확해진다.

'노후를 보장해주지 않는다.'

당신의 연령대가 어떻든 상관없다. 다만 해주고 싶은 말은 하나다.

'가능한 한 빨리 시작하라'

오늘 시작하면 적어도 몇 달 후면 월세를 받기 시작할 것이다. 내일 시작하는 사람보다, 다음 달에 시작하는 사람보다, 내년에 시작하는 사람보다 훨씬 유리한 시점에서 훨씬 빨리, 보다 많이 월세를 받을 수 있게 된다.

시간이 지나면 지날수록 당신이 받는 월세는 늘어날 것이고 노후준비는 자연스럽게 진행될 것이다. 아니, 노후준비라는 단어 자체가 무의미해질지도 모른다.

내가 거주할 수도 있는 '월세받는 부동산' 투자

월세 투자를 하면 여러 가지 이점이 있지만 가장 큰 장점은 내 집이 생겼다는 것이다. 물론 투자를 위한 것이므로 세입자를 받아 월세를 받게 되지만 경우에 따라서는 내가 직접 거주할 수도 있다.

월세 투자는 지역도 중요하고 투자하는 금액도 중요하다.

투자가 진행되다 보면 한 지역에 집중될 수도 있고 여러 지역으로 분산될 수도 있다. 당신이 직장을 다니고 있거나 개인사업을 하고 있더라도 사람 일은 앞으로 어떻게 될지 아무도 모른다.

갑작스럽게 지방 출장을 가거나 파견을 가거나 근무지가 변경될 수 있고, 사업을 위해 이사를 가야 하는 일도 발생할 수 있다. 그 외 여러 가지 경우의 수가 있다.

이럴 경우 내가 만들어놓은 월세 물건이 도움이 될 수 있다. 꼭 이런 경우가 아니더라도 결혼해서 신혼집을 마련해야 할 경우, 또는 해당 월세 물건이 있는 동네로 이사를 가야 할 경우 내가 보유한 월세 부동산은 큰 도움이 되어 줄 것이다.

또한 월세 부동산을 늘려가면서 부동산 투자에 대한 감각을 익혔다면 내 집 마련 또한 이와 유사한 방식으로 가능하다.

위험 부담을 낮추면 안전한 투자가 가능하다

어떤 투자든 투자를 하기 이전에 고민하는 부분이 있다. 바로 '위험부담'이다. 이런 말을 들어봤을 것이다.

'고위험 고수익, 저위험 저수익'

부동산도 예외는 아니다. 하지만 어떤 투자방식보다도 위험부담이 낮다. 이유는 아주 간단하다. 가격 변동이 자주 일어나지 않을뿐더러 부동산이라는 실질적인 물건이 있기 때문이다.

주식투자, 선물투자는 실물이 없이 숫자로만 거래될뿐더러 거의 초 단위로 가격이 변동된다. 어떤 경우에는 눈 깜짝할 새, 말 그대로 순식간에 어마어마한 돈을 벌 수도, 어마어마한 돈을 잃을 수도 있다.

얼마나 무서운 일인가? 최근 주식투자 광고를 자주 접한다. 라디오에서 인터넷에서 모바일에서 하루에 수십 번은 접할 수 있다.

'노숙자가 35억 자산가가 된 사연'
'편의점 아르바이트생 20억 대 자산가가 되다'

등등 무수히 많은 광고를 접한다. 불가능한 건 아니다. 충분히 가능하다. 하지만 여기엔 전제조건이 붙는다. 바로 시간이다.

100만 원을 가지고 있는 당신. 주식투자는 일 최고 상한가가 30%이다. 1만 원으로 매수한 주식이 상한가 30%를 도달하면 1만 3000원이 된다. (물론 시작가격은 다를 수 있다.) 이런 방식으로 매일매일 상한가에 도달한다면?

1백만 원이 1억에 도달하기까지 17일이면 된다. 그런데 17일 연속 상한가. 가능할까? 보통 상한가는 하루다. 주식은 상승과 하락을 끊임없이 반복한다. 월평균 수익률 10%만 기록하더라도 어마어마한 수치다.

투자에 있어 가장 중요한 것 두 가지가 있다. 시간과 심리다. 시시각각 변동하는 가격은 매수자의 심리를 어마어마하게 흔든다. 일이 손에 잡히지 않는다.

돈을 잃는 것만이 위험부담이 아니다. 모든 신경이 온통 여기에 쏠리기 때문에 일상생활이 어려워진다. 그리고 당신이 원하는 억대 수익까지 기다릴 수도 없다. 조금만 수익을 보면 빨리 팔아서 내 손에 돈을 쥐고 싶어지기 때문이다.

어렵게 번 수익금을 한순간에 날릴 수는 없지 않은가? 이런 어마어마한 스트레스는 돈을 잃는 것보다 더 큰 위험부담으로 볼 수 있다.

어찌하다 보니 예를 주식으로 들었지만 주식투자가 나쁘다는 게 절대 아니다. 결국 투자의 본질은 같지만 그걸 바라보는 사람들의 심리와 견해의 차이가 있음을 말하고 싶은 것이다.

상대적으로 심리적 부담이 적다는 걸 말하고 싶다. 보유하고만 있으면 매달 알아서 꼬박꼬박 통장에 들어오는 현금. 위험부담이라고 하기엔 너무 소프트하지 않나?

직장을 다니며 두 번째 월급을 받는 방법이 있다

직장을 다니는 이유에 대해 생각해본 적 있나? 아마 대부분은 생계를 위해 어쩔 수 없는 선택이었을 것이다. 그리고 직장을 다니는 이유에 대해 고민하거나 생각해볼 시간조차 사치라고 생각하는 경우도 있을 수 있다.

원하든 원하지 않았든 좋든 싫든 우리는 근로, 사업, 투자 등의 소득활동을 해야 한다. 생계를 꾸려야 하기 때문이다. 대부분의 직장인들 사업주들은 매일 아침 출근시간부터 지옥일 거라 생각한다.

직장인들은 퇴근시간이 가까워질수록 기분이 살아나겠지만 사업주들은 퇴근시간이 가까워질수록 가슴이 타들어갈 수도 있다.

월급은 일정하다. 취업 시 또는 연봉협상 시 12개월 동안의 월급은 정해진다. 따라서 직장인들은 매달 일정한 월급을 받을 수 있다. 사업주 들은 일정하지 않다. 운이 좋은 날은 많이, 운이 나쁜 날은 적게 벌어들인다.(물론 운 만은 아니다)

각기 다른 일터에서 서로 다른 일을 하며 열심히 살아가고 있다. 분명한 건 직장인이건 사업주들이건 소득에 대한 불만은 항상 있다는 것이다. 조금 더 많이 벌고 싶은 것이다.

나는 부동산 투자를 하면서 깨달았다. 최초 한 건을 진행하면서 첫 번째 월세를 받을 때까지만 해도 잘 몰랐지만 월세 받는 부동산 물건의 개수가 늘어남에 따라 점차 미래를 보는 내 생각이 달라졌다.

쉽게 말해 세상을 보는 눈이 조금씩 더 여유로워지고 넓어졌다. 월 소득이 200만 원인 직장인을 가정해보자. 모두가 그렇다고는 볼 수 없지만 직장에서 월급만 받는 사람일 경우 일에 치일 수 있다.

그냥저냥 월급 받는 정도로만 티 안 나게 유지할 수도 있고, 더 나은 조건으로 이직하기 위해 자기계발에 열심히 일 수도 있다. 여기서 급여 외 소득이 발생한다면? 삶이 조금씩 바뀌기 시작한다.

처음 시작하면 그 금액은 그리 크지는 않기 때문에 월급이 조금 늘었다고 생각하는 사람이 있을 것이다. 자동으로 적금이 생겼다고 생각하는 사람도 있을 것이고 바로 다음 투자를 생각하는 사람도 있을 것이다.

분명한 건 단 한 건의 월세 소득만 발생하더라도 직장에서 일할 때 일터에서 일할 때 기분이 달라진다는 것이다. 숨 가쁘게 바쁘게 돌아가던, 처리하던 일들에서 점점 여유가 생기게 된다.

내 생활에 보다 활력을 줄 수 있는 요소들이 무엇이 있는지에 대해 생각하게 된다. 왜? 소득이 조금이라도 더 늘었기 때문이다.

이것을 깨닫게 되는 순간 부동산 투자물건을 하나씩 더 늘리게 되고 어느새 월세가 월급을 넘어서는 순간이 찾아오면 인생의 전환점을 맞이하게 될 것이다. 직장으로부터 심리적으로 자유로워질 시간이 가까워진 것이다.

내 자녀를 위한 최고의 투자는?

나는 30대 중반이다. 미혼이다. 친구들은 절반은 결혼을 했고 절반은 아직 안 했다. 부모님께서는 걱정하신다. 지금 결혼해서 아이를 낳아도 그 아이가 대학생이 되면 내 나이는 아마 50대 후반이 되어 있을 것이기 때문이다.

당신은 50대 후반에 어디에서 무엇을 하고 있을까? 생각해 보았나? 또는 지금 당신이 50대라면 지금 어디에서 무엇을 하고 있나? 과거에 생각했던 50대의 모습과 지금의 내 모습은 같은가? 다른가?

난 내 자녀들에게 멋진 아빠가 되고 싶다. 매일매일 1시간 이상 얼굴을 보며 함께 부딪히고 살고 싶다. 자녀들이 하고 싶다고 하는 건 다 들어주고 싶다. 그러기 위해서는 무엇이 필요한지 당신은 너무나 잘 알 것이다.

매월 꼬박꼬박 월세를 받는 삶을 산다면, 그것도 월급보다 많은 금액의 월세를 받는다면 나의 시간을 소득활동에 집중할 필요가 없다면, 나의 시간을 온전히 가족과 함께 할 수 있지 않을까?

자녀가 잘 자랄 수 있게 금전적으로 지원을 해주며 하고 싶은 것, 입고 싶은 것, 먹고 싶은 것 다 해줄 수 있다는 건 정말 행복한 일일 것이다. 그리고 그런 자금은 월세 투자를 통해 획득할 수 있을 것이다.

부동산을 보유하다가 증여 또는 상속을 통해 자녀에게 줄 수 있다. 자녀의 재산이 생기는 것이다. 부동산을 통해 벌은 소득으로 보다 좋은 옷, 좋은 차, 좋은 집, 좋은 음식 등을 자녀에게 줄 수 있다.

하지만 내가 말하고 싶은 부동산 투자가 자녀를 위한 최고의 투자라는 말의 의미는 이런 것이 아니다. 나의 아버지와 어머님은 나에게 조금 더 많은 경험을 하게 해주셨고 그러기 위해 많은 노력을 하셨다.

아버지께서는 나를 데리고 함께 등산을 가셨다. 전국의 명산을 두루 돌며 정상까지 함께 올라가고 함께 산을 느꼈다. 전국의 대부분 유명한 해수욕장에 가족들을 함께 데리고 가 즐거운 시간을 보냈다. 아버지와 함께 다양한 경험을 했다.

어머님과는 또 다른 경험을 했다. 주로 집안에서의 일이었다. 라면을 함께 끓이며 파도 썰고, 마늘도 다져보았다. 어머님과 함께 피자 반죽도 해보고 도우 위에 토핑도 올려 맛있는 피자도 직접 구워 먹었다.

양말에 구멍이 나면 어머님께서는 실과 바늘로 꿰매어 주셨고 나도 따라 해봤다. 어머님 손을 잡고 시장에 가서 과일과 채소를 함께 구입했다.

가수 싸이의 노래 '아버지'엔 이런 가사가 나온다.

"아빠 출근한다."

노래를 들을 때마다 가슴이 울컥거린다. 눈물이 난다. 가족을 위해 정말 자신은 돌보지 않은 채 열심히 일하시는 아버지. 가수 지오디의 '어머님께'도 같은 맥락일 것이다.

자녀와 함께할 수 있는 시간이 있다는 것. 자라나는 자녀에게는 다른 누구보다도 가장 필요한 가장 소중한 존재 엄마 아빠.

이 세상 그 무엇보다 가장 소중한 시간, 그 시간을 가능하게 하는 것은 경제적 자유이고 그 경제적 자유를 가능케 하는 것이 바로 월세 투자다.

직장이 없어져도 살아남을 수 있는 방법이란?

4차 산업이라는 말은 이미 익숙해 진지 오래이다. 1차, 2차, 3차 산업보다 4차 산업은 더 빠르게 우리의 삶 속을 파고들고 있다. 세상은 정말 눈코 뜰 새 없이 빠르게 변화하고 있으며 그러한 세상 속에서 사람들은 점차 설자리를 잃어가고 있다.

공장에서 사람의 일자리를 기계가 빼앗아간 건 이미 오래된 일. IT 시대에 접어들고 4차 산업이 점차 자리를 잡아가려고 하는 시점에서 일자리는 점점 줄어들고 있다.

뜨는 일자리와 향후 몇 년 내 사라질 일자리에 대한 언급이 자주 일어나지만 자세히 뜯어보면 뜨는 일자리와 새로 생길 일자리보다는 향후 사라질 일자리가 절대적인 종사자수

면에서는 훨씬 많다.

나의 머리가 좋든, 손재주가 좋든, 운전을 잘하든, 요리를 잘하든, 어떤 능력이 뛰어나더라도 그 능력을 발휘할 일자리 자체가 사라져 버린다면 나의 귀한 능력이 무슨 소용이 있을까?

직장인으로서 근로소득활동을 벌이는 사람들이 대부분인 세상에서 직장을 잃어버리고 직장에서 받던 월급이 끊긴다면 어떻게 될까? 생각만 해도 끔찍하지 않나?

당신이 지금부터 또는 이미 한 채 이상의 부동산 월세 투자를 시작했다면 충분히 극복 가능하다. 오히려 남들보다 한 걸음 이상 앞서나가고 있는 것이다.

적어도 당신은 앞으로 어떻게 살아남아야 하는지에 대한 방법을 적어도 한 가지는 알고 있는 것이고, 그 방법을 실현하여 작든 크든 수익을 실현하거나 할 것이기 때문이다.

한번만 세팅해두면 계속 돈이 들어오는 '관리가 편한 투자'

'할 게 없다.'

무슨 말일까? 정말 할 게 없다. 월세를 받기 위한 부동산 투자가 말이다. 한번 세입자까지 세팅이 끝나면 별로 신경 쓸 일이 없다.

일반적으로 월세 계약은 정말 특이한 상황만 아니라면 2년 계약으로 하는 것이 관례다. 즉 한번 계약을 하면 2년 동안은 그냥 가만히 있으면 매달 월세가 들어오는 것이다.

시도 때도 없이 휴대폰을 열어보지 않아도 되고, 부동산 물건 가격 변동이 어떻게 되는지 찾아보지 않아도 되고, 매일매일 뉴스를 보고 신경을 곤두세워야 하지 않아도 된다. (물론 정부의 부동산 정책 변화는 눈여겨보아야 한다.)

예외는 있다. 만약 당신이 경매로 아주 오래된 빌라를 낙찰받았거나 부동산을 통해 매입한 건물에서 문제가 발생한다면 신경 써야 할 부분이 생길 것이다.

하지만 매일매일 그 물건에 방문해야 할 일은 없다. 얼마나 편한가? 그저 평소에 내가 하던 일만 하면 된다. 여느 때와 마찬가지로 회사로 출근하고, 삶의 일터로 나가고 하면 된다.

전권영의 〈직장인, 월세 받는 빌라 한 채 가지기〉
월세 투자는 이 순서만 따라가라

 그렇다면, 월세 투자는 어떻게 해야 할까? 나도 부자가 되고 싶은데 어엿한 집주인으로써 매월 통장으로 입금되는 월세를 확인하고 싶은데 어디서부터 무엇부터 해야 할까? 뭐든 시작이 가장 중요하다. 시작이 반이라고 하지 않나?

현재 나의 재정상황은?

 대차대조표라고 들어보았을 것이다. 처음 들어본다면 포털 사이트를 통해 검색해보자. 대차대조표를 작성하는 것은 나의 재정현황을 한눈에 알아볼 수 있는 기본적인 지표가 된다.

　자신이 처한 상황을 냉정하게 바라보아야 한다. 종잣돈은 얼마나 있는지, 나의 투자성향은 어떤지 알아볼 필요가 있다. 그리고 계속 반복하지만 왜 투자를 하려고 하는지 그 본질에 대해서는 반드시 짚고 넘어가야 한다.

　종잣돈은 가능하면 최대한 내가 확보할 수 있는 범위 내에서 끌어모으는 게 좋다. 다만 신용대출이나 부모님의 지원 가능 여부는 가능한지 확인 정도만 해놓자.

　지금 보유한 현금은 얼마인지 확인해보자. 은행 계좌가 많은가? 모든 계좌에 현금이 얼마나 있는지 확인해 보자. 가능한 모든 계좌를 확인해 보아라.

　은행 예/적금, 주식계좌, 선물계좌, 저금통, 숨겨놓은 비상금 등 그 어떤 것이라도 좋다. 모을 수 있는 최대치의 현금을 하나로 모아 내가 가지고 있는 현금이 얼마인지 확인해야 한다.

　주택청약을 들었는가? 보험에 가입되어 매달 나가는 돈이 어마어마한가? 이미 가입한 상품을 깨고 현금을 확보하라고 하지는 않겠다. 그것은 어디까지나 본인의 판단이다.

　직장인이라면 월급 날짜와 월급 금액, 사업자라면 일 년

치의 월 소득을 확인해 보자. 매달 얼마만큼의 소득이 발생하는지 정확한 금액을 확인하는 건 굉장히 중요하다.

나에게 얼마만큼의 소득이 들어오는지도 모르는데 월세가 많이 들어온다고 한들 어디서 어떻게 얼마나 들어오는지 알 수 있을까?

가계부는 필히 작성하자. 한 달에 한 번 몰아서 써도 좋고, 매주 한번, 또는 매일매일 기록해도 좋다. 개인적으로 엑셀 파일로 정리하는 걸 추천한다. 한 달 두 달 가계부 기록이 누적되면 나의 소득과 지출을 보는데 한결 편해진다.

앞으로 어느 부분에서 지출을 줄여야 하는지 계획을 세우는데 큰 도움이 된다. 자신의 현금흐름을 확인하고 확보할 수 있는 최대한의 종잣돈을 확인했다면 그걸로 한 가지는 성공한 것이다.

당신이 가진 돈의 흐름을 명확히 확인한 것 자체가 성공이라고 할 수 있다. 앞으로 돈의 흐름은 본인 스스로 통제할 수 있게 되었기 때문이다.

나는 어떤 투자성향일까? '공격형 투자, 수비형 투자'

공격을 좋아하는가?

수비를 좋아하는가?

부동산 투자에서 공격적 투자는 갭투자, 수비적 투자는 월세 투자를 말한다. 우리는 매달 월세 받는 생활을 목표로 하므로 수비적 투자를 기본으로 한다.

여기서도 또 나뉘게 되는데 보증금과 월세의 관계를 정하는 것이다. 보증금을 많이 받아 현금을 많이 확보할 것인가? 실투자금을 늘리더라도 보증금을 줄여 월세 수입을 늘릴 것인가?

물론 중간도 있다. 투자를 하면서 처음의 의도와는 다르게 흘러가는 경우도 있다. 그러나 초기에 내가 어떤 성향의 사람인지, 어떤 투자를 할 것인지 큰 그림은 그려놓아야 한다.

1년 후, 나만의 투자 목표를 설정해보자

처음에 내가 왜 투자를 하려고 했는지 본질에 대한 질문에 답을 찾았다면 투자 목표를 설정해야 한다. 내가 어디까지 갈 것인가를 명확하게 설정하는 것이다. 어마어마하게 크게 설정해도 좋다. 다만 그 목표는 현실적이어야 한다.

'1년 안에 강남에 소형 아파트 한 채 마련하기'

물론 아주 불가능한 일은 아니겠지만 쉽지 않다는 것 정도는 나도 안다.

목표를 설정할 때는 가장 큰 목표를 설정하고 그다음 중간 목표 그리고 작은 목표를 잡아보자. 가장 마지막에 내가 도달할 목표는 아직 머나먼 얘기일 수 있다.

하지만 마지막 목표를 잡아놓으면 그 큰 목표를 위한 작은 세부 목표를 구성하기가 수월해진다. 목표가 정해지면 그 목표들을 달성할 기간을 설정하자. 목표와 달성 기간이 명확해졌다면 이제 실행만 하면 된다!

금액은? 지역은? 호재는? 정보를 모아보자!

투자를 하기 위해서는 당연히 정보가 필요하다. 내가 가지고 있는 현금으로 무엇에 투자할 수 있을까? 투자할 수 있는 물건들은 어디에 있을까?

투자가 가능하더라도 그 위치에 있는 물건은 과연 투자하기엔 적절한지 인터넷으로 손품을 열심히 팔아보자. 금액은 이미 알고 있다.

지역만 선정하면 된다. 가장 좋은 방법은 내가 아는 곳이나 내가 사는 곳, 또는 많이 들어본 곳 위주로 검색해 보는 것이다.

호재는 중요하다. 모든 투자는 호재가 있으면 그 호재의 강도에 따라 가격이 천정부지로 치솟기도 한다. 사람의 심리는 거의 비슷하기 때문에 호재가 많은 곳에 투자하려고 한다.

하지만 호재는 찾되 호재만을 따라 투자할 필요는 없다. 다만 누가 봐도 괜찮다고 하는 곳은 눈여겨보고 투자 후보 지역으로 목록에 올려놓자.

실전 현장답사를 떠날 때 꼭 알아두어야 할 것들

자료수집을 통해 몇 가지 물건을 리스트로 만들었다면 이제 실제로 확인하러 갈 시간이다. 인터넷 마켓이 발달되어 인터넷으로 구입이 안되는 게 없다.

그만큼 다양한 물품들을 인터넷으로 손쉽게 구할 수 있다. 그러나 천만 원대 혹은 수억 원대의 거금을 들이는 일인 만큼 직접 눈으로 확인하는 것은 필수다.

혼자 가도 좋고 뜻이 있는 지인, 친구들과 나들이 겸 가는 것도 좋다. 전문가를 동반하는 것도 좋다. 차량이 있다면 날씨에 영향을 덜 받으면서 현장답사가 가능하다.

차량이 없다면 도보와 대중교통을 이용하여 현장답사를 해보자. 내가 관심 있는 물건 주변에 버스 승차장, 지하철역은 있는지, 걸어서 어느 정도 시간이 걸리는지, 주변엔 무엇이 있는지 살펴보자.

차량을 이용한 현장답사보다 자세히 살펴볼 수 있다. 해당 물건 주변 부동산도 방문해 주변 시세와 거래 동향을 살펴보면 큰 도움이 된다.

계약서를 쓸 때 인감도장이 꼭 필요할까?

물건을 돌아보고 투자할 물건을 확정 지었다면 계약을 할 차례이다. 계약은 어렵지 않다. 계약서를 쓰고 계약금을 입금하면 된다.

너무나 쉽다. 아마 부동산 물건 투자에 있어 가장 쉬운 단계가 아닌가 싶다. 계약서 작성하고 도장 찍고 계약금만 입금하면 모든 절차가 끝나기 때문이다.

신축이 아닌 물건은 담당 부동산 중개 사무소에서, 신축빌라나 신축 오피스텔은 분양사무실에서 작성하면 된다. 반드시 인감도장이 필요한 것은 아니다. 일반 막도장으로 찍어도 되고 급한 경우 지장을 찍어도 무관하다.

중도금, 잔금 납부 할 때 알아야 할 노하우

부동산 거래를 자주 접해보지 않은 대부분의 사람들은 중도금 따로 잔금 따로 납부하는 것으로 알고 있다. 하지만 반드시 중도금 일부 납부하고 잔금을 납부하는 것은 아니다.

계약을 하면 잔금을 납부하기까지 30일의 기간을 두는 것이 일반적이다. 그 기간 안에 자금이 생기면 중도금 조로 납부하면 된다.

잔금 납부 시 계약금을 제외한 나머지 잔금을 한꺼번에 납부할 수도 있다. 이것은 물건마다 신축이나 구옥에 따라 조금 달라질 수 있다.

잔금을 납부 할 때 꼭 필요한 자필서명 팁!

이것은 주로 잔금 납부할 때에 해당한다. 자필서명이라 함은 은행에 대출을 위한 서류를 작성할 때 본인이 직접 서류에 서명한다고 하여 자필서명이라고 하고 줄여서 '자서'라고 한다.

이 과정은 대출을 일으킬 경우에만 해당하지만 대부분 월세 투자 시 대출을 일으키는 건 필수기 때문에 잔금 납부를 위한 대출 시 자서는 반드시 하게 된다.

자서를 하게 되면 자서를 하러 가기 전에 필요한 서류들을 해당 법무사나 분양사무실 직원, 은행 직원 등을 통해 전달받게 된다.

이때에는 인감증명서와 인감도장이 반드시 필요하다. 아직 인감증명서와 인감도장이 없다면 먼저 만들어 두기 바란다.

이제는 월세를 놔보자, 세입자 구하기 실전편!

부동산 잔금을 치르고 부동산의 명의가 완전히 나에게 넘어오면 그 물건은 온전히 내 것이 된다. 그럼 다음 차례는? 당연히 임대를 놓아야 한다.

우리는 월세 받는 삶을 원하기 때문에 부동산을 매입한 것이고 이 부동산 물건에 들어와 거주할 임차인 즉 세입자를 구해야 한다. 여기서 한번 단어를 정리해보자.

임대인, 매도인, 집주인 다 같은 말이다. 집에 세를 주는 사람이라고 생각하면 된다. 임차인, 매수인, 세입자는 세를 들어와 사는 사람을 말한다.

매도인과 매수인은 월세 관계에서는 맞지 않는 말이지만

월세 계약서를 쓸 때 해당 위치에 쓰는 것이므로 헛갈리지 않도록 하자.

임대를 맞추면서 세입자와 계약서를 작성할 때는 반드시 일반임대 계약서와 표준임대차 계약서를 함께 작성하자. 부동산에 월세 광고 후 부동산이 월세 세입자를 데리고 오면 임대계약을 하게 된다.

보통 일반임대 계약서를 작성하게 되는데 이 양식은 부동산에서 일반적으로 사용하는 양식이다. 임대를 하게 되면 구청에 임대 신고를 해야 한다.

이때에는 반드시 표준임대차 계약서가 있어야 하기 때문에 일반임대 계약서와 표준임대차 계약서 2부는 반드시 작성 후 보관하고 있어야 한다.

월세를 주는 사람이 될 것인가, 받는 사람이 될 것인가

임차인과 보증금, 월세를 합의 후 임대차 계약서를 작성했다면 이제 한 달 받을 월세만 기다리면 된다. 보통 서울은 선불, 인천 및 기타 지역은 후불인 경우가 있다.

월세를 선불로 받을 것인지, 후불로 받을 것인지는 그 지역 관례 또는 세입자와 협의하면 된다. 세입자가 입주한 후

한 달이 지나면 한 달 치 월세가 입금될 것이다.

이 월세에서 은행 이자를 빼고 나면 나머지가 본인이 가지게 될 실 수익금이 된다. 상상해봐라. 한 달에 아무것도 하지 않아도 내가 부동산을 보유하고 임대를 주고 있다는 사실만으로 월세가 꼬박꼬박 들어온다.

한 개밖에 안된다고? 그래서 월세가 적다고? 그것도 안 받고 있는 사람이 대한민국 90%가 넘는다. 더군다나 그 90% 중에 일부는 심지어 월세를 내며 살고 있다. 당신은 월세를 주는 사람이 될 것인가? 월세를 받는 사람이 될 것인가?

전권영의 〈직장인, 월세 받는 빌라 한 채 가지기〉
월세 받는 데 꼭 필요한 투자 마인드

수많은 집들, 왜 내 집은 없을까? '저질러라!'

부동산 투자를 하면서 당연히 나도 처음 시작할 때가 있었다. 아니다. 처음 시작하기 훨씬 이전, 부동산에 대해 관심도 없을 때가 있었다. 길을 가다 건물을 보면

'이런 건물 주인은 뭐 하는 사람일까?'
'이 많은 집, 건물 중에 내건 없네.'

이런 생각을 하곤 했다. 그러다 정말 이렇게 살아서는 안 된다

는 생각을 하게 되었고, 그때부터 바로 공부를 시작했다. 부동산 투자 관련 책들을 하나둘 구입해 읽기 시작했다.

버스 승차장, 지하철 플랫폼, 인터넷 등에서 부동산 관련 서적들 광고를 접할 때면 뒤도 안 보고 바로 서점으로 향했다. 평소 그렇게 먹고 싶어 했던 햄버거도 잘 사 먹지 않았다. 시원한 아메리카노가 마시고 싶어도 꾹 참았다.

책을 구입하는 데는 전혀 주저하지 않았다. 설령 집에 사놓은 책이 5~6권 쌓여서 아직 읽지 못한 책들이 있어도 새로 보이는 책들은 무조건 구입했다. 그리고 끝내 다 읽었다.

책에서 나오는 투자 카페, 또 다른 책, 사이트 등은 전부 둘러보았다. 도움이 될 만한 카페엔 가입해서 강의도 들었다. 정말 눈에 불을 켜고 뭐든 했다.

만약 당신이 움직이지 않는다면, 사야 할 책을 사는데 망설인다면, 계약을 하는데 망설인다면, 가야 하는데 망설인다면, 내일 해도 된다고 다음에 해도 된다고 생각한다면, 당신은 아직 간절하지 않은 것이다.

일단 한 채부터 시작하자, 더는 미루지 말라!

어느 때고 그랬다. 부동산 투자는 언제나 지금이 답이었다. 어떤 누구도 미래를 예측할 수는 없다. 예측은 할 수 있으나 미래를 정확하게 맞출 수는 없다.

지금이 답인 이유는 부동산은 계속 오르기 때문이다. 당연히 내릴 때도 있다. 상승기가 있고 하락기가 있듯이 부동산은 당연히 가격이 내리기도 한다.

오르면 내리지만 내리면 다시 오른다. 그게 부동산 시장이다. 부동산 투자를 하면서 느낀 것이지만 오르고 내리는 것을 반복하는 것은 어느 시장이고 같다는 생각이 든다.

내릴 땐 내리더라도 오를 땐 내릴 때 보다 더 확실히 오른다. 내가 사면 가격이 떨어진다고? 과연 그럴까? 구입 후 가격이 떨어졌다는 당신. 얼마나 오래가지고 있었나?

아마 계속 가지고 있었다면 올랐을 것이다. 그리고 계속 가지고 있다면 오른 건 절대 얘기 안 하려고 할 것이다. 그게 사람 심리기 때문이다.

부동산 공부를 한사람 치고 계속 공부만 한 사람들은 투자를 못한다. 다음에 하겠다고 투자를 계속 미룬 사람들은 투자를 할 수가 없다.

왜? 이미 오르기 전 예전의 가격을 알고 있기 때문이다. 이것이 지속될 경우 평생 가질 수 없다. 오늘 계약을 안 하면 일 년 뒤에는 더 오른다. 작년 가격을 알기 때문에 계약을 못하는 것이다. 그러다 보면 계약 타이밍은 점점 사라져 간다.

그래서 언제고 부동산 투자시기는 바로 지금이 최적이다. 오늘 본 물건이 내일도 있을 것 같은가? 당연히 내일도 있다. 다만 나 아닌 다른 주인이 생겼을 것이다.

변화를 만들어 내는 '작은 습관의 비밀'

뭐든 잘하는 사람, 어떤 분야에 일가견이 있는 사람, 전문가들을 보면 언제나 자신감에 차있다. 항상 당당하며 언행에 힘이 실려 있다.

많은 경험을 하다 보니 자연스레 아는 것이 많아지고 나의 경험과 지식에 자신이 있기 때문에 나타나는 세월의 흔적인 것이다. 대부분 그렇다.

그런 강한 자신감을 지금은 가지고 있지 않더라도 짧은 시간 안에 만들 수 있다. 매일매일 하고 싶은 일, 달성할 목표를 종이에 써봐라.

아주 간단한 일조차 작성하고 실행에 옮겨봐라. 정말 별것 아닌 것 같아도 내가 적어놓은 일을 이루면 뿌듯하다. 내 삶이 달라진다. 할 수 있다는 자신감이 생긴다.

매일 늦게 일어나나? 그렇다면 정확하게 현실적으로 내가 일어날 수 있는 시간, 현재 일어나는 시간보다 15~30분 정도 일찍 일어나 보자. 일어나서 다시 잠들지만 않으면 된다.

세수를 하든 물을 마시든 샤워를 하든 빵을 먹든 뭐든 해봐라. 당신은 평소보다 하루를 30분 일찍 시작한 것이고 목표를 달성한 것이다.

심지어 밤늦게 잔다면 잠드는 시간을 10분만 일찍 가져가 봐라. 생각보다 10분 일찍 잠드는 것도 어렵지 않을 것이다. 10분 일찍 자고 10분 일찍 일어나는 것이다. 이렇게 쉬운 것들을 조금씩 반복하다 보면 자신감도 부쩍 늘 것이다.

뭐든 하루아침에 180° 변하는 것은 없다. 한 번은 텔레비전에서 어떤 사람의 사연을 보게 되었다. 사업이 망해 수십억 빚을 지고 힘들게 사는 사람이었다.

빚으로 어렵게 살았지만 정말 미친 듯이 열심히 일해서 몇 년 만에 빚을 전부 갚았다는 사연이었다. 이런 사연들도 사실 당신과는 전혀 상관없는 일이다.

당신은 그런 삶을 살고 있지 않다. 그런 사람들만큼의 동기부여가 되지 않는다. 따라서 그런 극적인 변화는 일어나기 어렵다.

큰 변화를 원한다면 작게 변할 수 있는 작은 변화부터 만들어보자. 강한 자신감은 작은 실천으로부터 얼마든지 만들 수 있다. 사실 당신은 무엇이든 할 수 있는 사람이기 때문이다.

해도 후회, 안해도 후회라면 하고 후회하라

분명한 것 한 가지만 말하겠다. 안 하면 안 하는 대로, 하면 하는 대로 후회할 것 같다면 무조건 해라. 지금까지 나와 내 주변 부동산 투자하는 분들을 보았을 때 하고 나서 후회하는 분들은 본 적이 없다.

난 부동산 업계에 몸을 담고 있지만 그렇지 않은 주변 지인들만 보아도 다들 많이 기뻐하고 있다. 괜히 했다가 아니라 그때 하길 정말 잘했다는 말들만 한다.

그런데 하면 후회할 것 같다고? 안 해본 사람들은 평생 모른다. 평생 알 수 없다. 이 느낌을. 주인의 느낌을, 주인의 마음을, 주인의 마인드를.

자녀에게, 가족에게 해줄 수 있는 최고의 선물이란?

나는 이미 부자라고 생각해라. 돈을 펑펑 쓰라는 게 아니다. 집이 몇 채 있다고 자랑하라는 게 아니다. 당신은 이미 몇 채의 부동산을 가지고 있으며 거기서 매달 꼬박꼬박 월세를 받고 있다고 생각해라.

월세를 따로 모아 다른 투자를 위한 종잣돈으로 만들 수도 있다. 가족들과 함께 한 달에 한 번조차 꿈도 못 꾸던 외식을 한번, 두 번 또는 조금 더 좋은 레스토랑에서 할 수 있다.

한 달에 한 번 가던 여행을 두 번 갈 수 있다. 몇 년 후 더 나은 집으로 이사 갈 수 있다. 방이 하나 더 있는 집으로 이사 갈 수 있다. 조금 더 비싼 동네로 이사 갈 수 있다. 조금 더 큰집으로 이사 갈 수 있다.

자녀들에게 더 많은 것을 해줄 수 있다. 자녀들과 여행을 자주 갈 수 있다. 함께 쇼핑을 갈 수 있다. 조금 더 좋은 옷, 좋은 것들을 해줄 수 있다. 자녀와 함께할 수 있는 시간을 조금씩 더 만들어 갈 수 있다.

부동산 투자가 늘어날수록 당신과 가족이 더 오랜 시간 함께 할 수 있게 된다. 가족과 함께 더 나은 미래를 꿈꿀 수 있게 된다.

기회가 왔을 때 잡는 힘, '준비'

'기다림'이란 정말 어마어마한 힘을 가지는 단어라는 생각이 든다. 기다리다 보면 정말 이루어진다는 것을 자주 경험했기 때문이다.

우리나라 사람들은 대부분 성격이 급하기 때문에 '기다림'이라는 단어가 더 와닿을 지도 모른다. 뭐든 기다리면 된다. 당신이 무엇을 하고 있든, 무엇을 목표로 하고 있든 기다리면 된다.

당연히 기다리는 동안 준비는 하고 있어야 한다. 기나긴 기다림 후 기회가 찾아왔을 때 그 기회를 잡아야 하기 때문이다.

부동산 투자를 시작하면서 많은 공부를 하고 많은 사람들을 만나고 지역 답사를 많이 했다면 투자를 할 때가 올 것이다. 그리고 내가 구입할 물건은 반드시 찾아온다. 그때 당신이 해야 할 일은 과감히 투자하는 것이다.

투자를 한 후에도 마찬가지다. 세입자는 어디선가 예고 없이 찾아온다. 그게 계약 후 바로 다음날이 될 수도, 한 달, 6개월 후가 될 수도 있다. 정말 아무도 모른다. 누굴 탓할 수도 없다. 오로지 답은 기다림이다.

당신을 월세 받을 수 있게 만들 멘토는 누구인가?

학교에 가면 선생님이 계시고, 학원에 가도 선생님이 계신다. 대학교에 가면 교수님이 계신다. 어디를 가도 내가 배우고자 하는 곳엔 나를 가르쳐 주고 이끌어줄 사람이 있다. 회사에 가면 선배도 있지 않은가?

누가 나를 가르쳐 줄지는 모른다. 적어도 학원이나 대학은 내가 선생님을 선택할 수 있다. 멘토도 마찬가지다. 내가 뭔가를 하고자 하는데 나를 이끌어줄 멘토가 있다면 정말 큰 힘이 된다.

뭔가를 가르쳐 주거나 짚어주거나 함께 하지 않아도 나의 멘토가 있다는 것, 내 멘토는 어떤 사람이라는 것, 단지 그 존재 자체로도 나에게 큰 힘이 되는 존재가 바로 멘토다.

난 회사생활, 부동산 투자를 하면서 많은 멘토들을 만났다. 멘토들은 끊임없이 나를 도와주고 주변에서 알게 모르게 힘이 되어주고 있다. 그 멘토들 덕분에 지금도 나는 많은 도움과 가르침을 받고 있고 계속 성장하고 있다.

당신의 멘토는 누구인가? 자신 있게 말할 수 있는 멘토가 없다면 바로 떠오르는 멘토가 없다면 지금 010-4807-1852로 〈저도 전권영 소장님처럼 작게 시작해서 크게 성공하는 길을 가고 싶습니다. 특강에 참석하고 싶습니다.〉라고 문자를 보내라.

기회는 용기있게 실천하는 자의 것이다.

전권영의 〈직장인, 월세 받는 빌라 한 채 가지기〉
직장인월세연구소 전권영 대표의 투자 스토리

20대 중반의 청년은 취업을 포기하고 대학원의 길을 선택한다. 대학원은 보다 더 나은 조건으로 취업을 할 수 있을 거라는 희망과 함께 말이다.

어머님의 당뇨병 병세 악화로 돈이 다급해진 청년은 다니던 대학원을 휴학하고 취업을 시도한다. 돈을 많이 벌겠다는 욕심 때문에 예체능 쪽에서 일하는 누나의 권유로 젊음의 패기 하나만 가지고 연기자에 도전한다.

6개월 학원을 다니다 현실에 부딪혀 다시 학교로 돌아온다. 현실은 무섭다는 걸 새삼 깨닫게 된다. 대학원을 다니던 중 다시 한 번 찾아온 어머님의 위기, 교수님의 부탁을 뿌리치고 또다시 휴학.

　이번엔 정말 돈 한번 제대로 벌어보겠다는 생각으로 한 번도 해보지 않은 영업, 그중에서도 영업의 꽃이라는 수입 자동차 영업에 도전한다.

　일을 배우는 시간 만 9개월, 정규직 딜러로 3개월. 왜 3개월이었을까. 실적이 한 건도 없었기 때문이다. 그렇게 돈 한 푼 못 벌면서 학자금 대출 이자를 제때 못내 채무불이행(신용불량자) 직전까지 가게 되었다.

　지인의 도움으로 겨우 채무불이행을 막고 도저히 안 되겠다 싶어 전공을 살려 취직을 시도한다. 다행히 대학원에서 배우던 내용들이 도움이 되어 지방 소재 중소기업에 취업을 하게 되었다.

　세상에 안 되라면 정말 다 안 되는 걸까. 잘 다니던 회사는 재정위기로 폐업을 하게 되고 반년 정도 급여도 밀린 채 퇴사하게 된다. 이제 어떻게 해야 하나.

　아이러니하게도 다시 대학원으로 들어간다. 졸업만 하면 될 거라는 희망 하나로 말이다. 돌아온 청년을 받아주신 교수님께 정말 감사했다. 두 번이나 학업을 포기하려고 했던 제자를 마지막까지 잡아주신 분이셨다.

그런 분의 기대를 청년은 다시 한 번 져버린다. 이번에도 어머님의 병환을 핑계로 학업의 길을 포기했다. 서울 소재 중소기업에 취업하게 되었다. 1여 년 근무 중 인생의 전환기를 맞게 되는 일이 벌어진다. 바로 투자에 눈을 뜬 것이다.

전권영의 〈직장인, 월세 받는 빌라 한 채 가지기〉
인생을 변화시킨 동기, 목적있는 삶의 시작

"I'm Ironman"

평소 호기심이 많던 소년은 청년이 되어서도 끊임없는 호기심으로 머릿속은 엉뚱한 생각이 가득했다.

'역반사 패널은 어떻게 만들까?'
'전기를 무한으로 생산할 수는 없을까?'
'반중력 장치는 어떻게 해야 만들 수 있을까?'

등의 고민을 틈틈이 머릿속에 달고 다녔다. 2008년 개봉한 영화 '아이언맨'은 호기심을 분명한 삶의 목표로 만들어 주었다.

'무한한 에너지를 공급하자.'
'전기 걱정 없는 삶을 만들자'
'아이언맨 만들자'

청년은 무한 에너지를 만들고 싶었다. 그 희망을 아이언맨의 가슴에 달린 소형 원자로에서 답을 찾았다. 하지만 청년은 분명한 사실을 알고 있었다.

무엇이든 시도하기 위해선 많든 적든 자금이 필요하다는 것이다. 다니던 회사가 자금의 문제로 어려워진 것을 두 번이나 겪었기 때문에 재정적 지원에 대해 굉장히 민감했다.

그래서 생각한 것이 임대 사업이었다. 임대 사업을 하면 매달 꾸준히 임차인으로부터 월세가 들어온다. 회사의 목표는 이윤추구다. 모든 회사는 이익을 내기 위해 꾸준히 다양한 방법으로 노력한다. 하지만 매출은 일정하지 않다.

임대 사업은 내가 보유한 부동산에서 매달 정해진 월세가 들어오는 것이기 때문에 회사의 운영자금으로 사용하기에 적절하다고 생각했다. 그래서 청년은 임대 사업을 시작하기로 마음먹었다.

직장인, 월세 받는 빌라 한 채 가지기

PART _ 2
직장인, 〈월세 받는 빌라〉가 답이다!

"직장 월급만으로는 결코 경제적 자유로 갈 수 없다. 또다른 해답이 필요하다."
− 전 권 영 −

전권영의 〈직장인, 월세 받는 빌라 한 채 가지기〉
월세 투자, 직장은 왜 필요한가?

현실을 똑바로 바라봐야 하는 시간

뉴스를 보았다. 가끔인지 자주인지 비슷한 뉴스가 보도되었다.

'청년실업률 OO%'
'서울대생 9급 공무원 지원'

대충 이런 뉴스다. 고 학군, 소위 학벌이 좋은 대학생들이 취업을 위해 졸업을 늦추거나 졸업을 해도 취업을 못해 공무

원을 준비하거나, 취업 때문에 대학원에 진학하거나. 이런 식이다.

이런 형태는 시간이 지나도 변하지 않는 것 같다. 대학교 성적이 그리 뛰어나지 않았던 난 교수님의 권유로 대학원 진학을 하게 되었다.

학업에 대한 호기심도 있었고, 교수님의 연구 분야에도 관심이 있었지만 대학원에 진학하면 보다 좋은 회사에 취업할 수 있다는 기대감이 컸다. 하지만 20대 후반의 나이에 집으로부터 쏟아지는 취업에 대한 압박에서 벗어날 수는 없었다.

영업, 가족을 위한 첫 번째 도전

대학원 재학 중 마른하늘에 날벼락 같은 소식이 떨어진다. 어머님이 병원에 입원하신 것이다. 20년 가까이 당뇨병으로 고생하시던 어머님께서 급기야 입원을 하시게 된 것.

정말 앞이 캄캄했다. 무엇을 해야 할지도 몰랐고 어떻게 해야 할도 몰랐다. 그런데 한 가지만은 너무 선명했다.

'돈을 벌어야겠다.'

무작정 대학원 휴학을 하고 집으로 왔다. 돈을 가장 많이 벌 수 있는 방법은 무엇일까? 참 아이러니하게도 너무나 당연히 영업이 떠올랐다.

아무것도 모르지만 영업이라고 믿었다. 난 자동차를 좋아했기 때문에 자동차 영업을 하기로 마음먹었고 자동차 영업 중에서도 꽃으로 불리는 수입차 영업을 하기로 한다.

수입차 딜러사에서 배우기를 9개월, 그 후 정식 딜러로 3개월의 시간을 보냈다. 내 성격 탓이었는지, 원래 소질이 없었던 건지, 단 한 건의 실적도 없어 그만 둘 수밖에 없었다.

호기롭게 대학원을 휴학하고 나와 꽃길만 걸을 줄 알았던 아주 순진했던 청년이 학자금 대출도 못 갚아 신용불량자로 내몰릴 위기에 처한 순간이었다.

내 안에 숨은 진주를 발견하라

지인의 도움을 받아 가까스로 위기를 모면한 후 곰곰이 생각하기 시작했다. 이미 휴학은 했으니 일은 해야겠는데, 영업은 해보니 잘 되지도 않았다.

자동차 영업회사를 나오면서 정말 많은 고민을 했다. 인생은 고민의 연속이지만 사실 아무런 대안 없이 나온 것이었다. 처음 퇴사를 겪어본 것이었기 때문에 실업급여라는 것에 대해서도 잘 몰랐고 앞으로 뭘 해야 할지 막막했다.

집에서 쉬는 동안 쉬는 게 쉬는 것 같지 않았다. 말 그대로 노는 사람이었다. 하루 24시간이 이렇게 긴 시간인 것을 이때 처음 느꼈다.

가만히 있을 수는 없었다. 지금 내가 가진 시간들을 최대한 활용해 보았다. 낮 시간대엔 집에 아무도 없었기 때문에 믹스커피 한 잔으로 온갖 청승을 다 부려보았다. 무엇을 해도 언제나 햇볕은 따스했다.

커피를 마시며 뭘 해야 하나 고민하던 중 번뜩 머리를 스친 게 있다. 내가 잘 하는 것을 고민을 하자는 것이었다. 지금까지 대학과 대학원에서 배웠던 전공을 살리는 일이었다.

내가 잘 하는 것은 그것이었다. 궁리하는 일, 어떤 현상에 대해 파고드는 일, 원인을 찾고 해결하는 일. 이 생각이 들자 바로 이력서를 쓰기 시작했다.

시작을 했다면 끝은 보아야 한다

결국 모 중소기업에 연구원으로 입사하게 된다. 자신 있게 잘 할 수 있다고 생각한 일은 뭔가 어떤 현상에 대해 고민하고 생각하고 원인을 찾고 문제를 해결하는 그런 일이었다.

자연스럽게 연구원으로 지원을 했는데 운 좋게도 합격하게 된 것이다. 이때 중소기업에 취업하면서 알게 된 것이지만 학위가 있고 없고의 차이가 크다는 것을 명확히 알았다.

이력서만 가지고 사람을 판단해야 하기 때문에 한 줄 쓸 내용이 더 있다는 것은 아무래도 도움이 되지 않았을까 싶다. 가능하면 학위는 마치는 것이 좋다.

전권영의 〈직장인, 월세 받는 빌라 한 채 가지기〉
누구나 할 수 있지만 쉽지 않은 것은?

부자로 가는 첫걸음, 종잣돈 만들기

회사에 취업을 한 후 첫 월급을 받았다. 너무나 기분이 좋았다. 비록 큰돈은 아니었지만 남들처럼 나도 회사를 다니면서 급여를 받는다는 사실 자체로도 행복했다.

어디서부터 언제부터 그런 생각을 했는지는 모르겠지만 첫 월급을 받으면 부모님 내복을 사드려야 하는 것으로 알고 있었다. 그것도 빨간 내복. 인터넷으로 빨간 내복을 보고 결제를 하려다 문득 이런 생각이 들었다.

'나도 결혼은 해야 되잖아'

결제는 했다. 구입하려던 내복은 구입하고 월급을 보았다. 학자금 대출이자를 제외하고 나면 남는 건 80만 원이 되지 않았다. 기본적인 생활비는 신용카드로 사용하고, 보험료, 저축 등을 포함시키면 10만 원이 채 남지 않았다.

절망적이었다. 그런데 돈은 벌어야 했고, 부자는 되고 싶었다. 적어도 내 집은 마련해야 되지 않겠나? 무슨 수를 써서라도 빨리 많이 돈을 벌고 싶었다.

돈을 벌기 위해 가장 쉽게 빠지는 종목이 있다. 도박과 주식이다. 적은 돈으로도 참여가 가능하기 때문이다. 적은 돈으로 시작해서 그 끝은 대부분 좋지 않은 결말을 보는게 이 두 가지이기도 하지만 말이다.

나 역시 마찬가지였다. 정말 돈을 벌고 싶었다. 많이 벌고 싶었다. 부자가 되고 싶었다. 그래서 가장 먼저 손을 뻗은 곳은 주식카페였다.

부자들이 이길 수 밖에 없는 이유가 있다

인터넷 대형 포털 사이트의 주식카페를 검색하던 중 꽤 규

모 있는 곳을 발견하였고 그곳에서 매일매일 알려주는 무료 추천주로 가볍게 주식투자를 시작했다.

시작은 10만 원이었다. 회사에서 주식투자를 하는 것이었으므로 그리 쉽지 않았으며 눈치도 많이 보였다. 나 또한 초보자였기 때문에 어쩔 수 없었나보다.

자꾸 차트가 궁금했고 실시간으로 변동하는 가격에 민감하게 반응했다. 의외로 무료로 추천받은 종목들에서 수익이 나자 자신감이 붙었다.

이게 초보자의 행운인가? 아마 그랬던 걸로 아는데 멋도 모르고 무료 추천주로 수익이 나니 눈앞에 보이는 게 없어진 것이다. 그러자 머릿속에 장밋빛 인생이 그려졌다.

'이제 된다!'
'돈만 더 있으면 된다!'

하루에 1%만 올라도 주식은 복리로 계산돼 1년이면 어마어마하게 커지는데 하루에 5~8% 수익이 나니 보이는 게 없어진 것이다. 정말 돈이 필요했다.

10만 원으로 5% 수익이면 5,000원이지만 1천만 원으로 5% 수익이면 50만 원, 1억으로 5% 수익이면 500만 원이기 때문이다. 당연히 같은 수익률이라면 투자금이 많은 사람이 유리했다.

대출, 잘 알면 든든한 친구

사람은 이기적인 동물이다. 다른 사람이 잘 되는 건 배가 아파서 참질 못한다. 나도 그래서였을까? 지금 내가 하고 있는 주식을 남에게 알리고 싶지 않았다.

돈은 필요했지만 지인들에게는 말하지 않았다. 조용히, 겁도 없이 직장인 신용대출을 받았다. 아마 이때부터 였을것이다. 대출에 대해 무감각해진 것이 말이다.

이미 대학교와 대학원 학비를 정부 학자금 대출로 납부한 경험이 있었다. 때문에 대출이라는 개념에 거부감이 없었다. 원리금 상환, 원금 상환, 거치기간 등 대출 관련 용어에도 익숙했다.

따라서 직장인 신용대출을 받는데 전혀 거리낌이 없었다. 겁도 없이 이런 생각을 했다.

'어차피 모을 거 미리 당겨 받는다고 생각하자'

매월 5~10만 원씩 저축할 수도 있었지만 그렇게 되면 주식투자를 하기 위한 목돈 마련은 할아버지가 되었을 때나 가능할 것 같았다. 다른 방법이 있나? 대출이 최선이었다.

아픈 경험은 나를 더 강하게 만든다

대출을 받아 거금이 들어왔다. 참 재미있는 건 현금을 손에 들고 있지 않고 통장에 숫자로만 찍혀서인지 큰돈을 보고 있음에도 그냥 무덤덤했다.

대출받기 전까진 나름대로 연습을 한다고 증권회사 모의투자로 거액의 투자 연습을 했지만 막상 수중에 돈이 들어오자 욕심이 생긴 건지 감을 잃은 건지 생각대로 되지는 않았다.

확실히 통장 잔고가 빵빵해지자 눈에 보이는 게 없어졌나 보다. 투자는 투기로 변해갔고 매수 금액과 타이밍을 보는 감각은 과감함을 넘어 과격함으로 변해갔다.

정말 무식하면 답이 없나 보다. 그렇게 하다 보니 너무나도 눈에 띄는 종목이 들어왔고 바로 매수를 했다. 그것도 한 번에 전액투자를 한 것이다.

주식에서는 분할매수가 필수다. 주식 할아버지가 와도 매수와 매도는 분할로 이루어져야 한다. 한 번에 모든 주식을 매수하는 건 옳지 않다.

아무리 확신이 있더라도 한 번에 전액투자는 피해야 한다. 내 머리는 'No!'를 외쳤으나 내 손가락은 어느새 몰빵을 클릭하고 있었다. 눈 돌아가는 시점이었다.

지금 생각하면 참 다행이었던 것 같다. 이런 경험을 일찍 해보았으니 말이다. 이때는 상/하한가가 ±15%였었다. 매수시점은 약 5% 상승했을 때였다.

내가 매수하고 얼마 지나지 않아 바로 하한가를 찍었다. '-20%' 정도 손해를 보았다. 아주 멋지게 바닥으로 내리꽂는 파란색 장대음봉을 보며 멍했지만 헛웃음만 나왔다.

헛웃음도 잠시였다. 주식시장이 종료되기 전 얼른 팔고 나왔다. 그래도 80%는 건진 것 아닌가. 가격이 한 번에 쭉 빠진 걸 보고 나니 참 주식이라는 게 재밌다는 생각을 했다. 절대 여러분은 이런 경험하지 않길 바란다. 할 필요도 없다.

인생에 한번은 위기를 겪는다

그렇게 주식에 쓴맛을 봤지만 내 잘못이라는 걸 알았기 때문에 평소에 하던 대로 조금씩 주식은 계속 해나갔다. 그런데 갑자기 문제가 생겼다. 회사가 어려워진 것이다. 자금 사정이 어려워졌다는 소식이 회사 전체에 퍼졌다.

머지않아 직원들의 급여가 조금씩 밀려서 지급되기 시작했다. 그러기를 몇 달, 급여가 지급되지 않고 지연되는 게 한 달, 두 달이 넘어가며 몇 달씩 급여를 받지 못하는 일이 발생하게 된 것이다.

난 급여에서 생활비를 쓰고 남는 돈은 거의 대출 이자를 갚는 데 사용했기 때문에 급여가 나오지 않자 조금씩 불안해졌다. 사실 대출을 넉넉하게 받았기 때문에 미래에 자금에 대해 대비할 정도 여유는 되었지만 마냥 손 놓고 있을 수만은 없는 상황.

그렇게 몇 개월을 버티다 결국 회사를 나오게 된다. 굳이 겪어도 되지 않는 상황을 겪게 되었다. 다니던 회사가 폐업을 하게 된 것이다.

전권영의 〈직장인, 월세 받는 빌라 한 채 가지기〉
끝없는 질문과 해답을 찾는 방법

한차례 폐업을 겪은 후 갈 곳이 없었다. 그나마 다행인 것은 대학원은 휴학 상태였던 것. 아무 소득도 없이 돈 벌겠다고 나왔다가 신용대출만 하나 더 떠안고 다시 학교로 돌아왔다.

대학원 과정을 마치고 참 운 좋게도 서울 교대 쪽에 위치한 중소기업에 취업할 수 있었다. 다행히 급여수준은 더 좋아졌지만 월급을 모아서 집을 한 채 장만한다거나 큰돈을 모은다는 건 먼 나라 이야기만 같았다.

더 나아진 급여수준으로 한 번 신용대출을 받았다. 여유자금이 보다 늘어난 것이다. 물론 빚도 그만큼 더 늘었다. 많아진 여유자금과 주식 손실을 본 경험을 바탕으로 예전과는 다른 조금은 더 정교해진 주식투자를 하게 되었다.

날이 좋던 어느 날 집에서 방 정리를 하던 중 우연히 책꽂이에 꽂혀있는 책을 발견했다. 부동산 소액월세 투자 관련 책이었다.

뭔가 머리를 번뜩 스쳤다. 항상 큰돈만, 목돈만, 한방만 바랬던 나였지만 그 책을 보자마자 마치 구름 위에 앉아있는 듯한 느낌이 들었다.

'월세 많이 받으면 되잖아'
'얼마 안돼도 여러 군데서 받으면 되잖아'

그 자리에서 책을 다시 한 번 읽는 데는 반나절이 채 걸리지 않았다.

부자가 되려면 누구와 함께 해야 하는가?

아마 살면서 수없이 들어봤을 것이다.

'끼리끼리 논다'

부자는 부자들끼리, 빈자는 빈자들끼리, 춤추는 사람들은 춤추는 사람들끼리, 이렇게 비슷한 부류의 사람들이 모여 그들만의 그룹을 형성한다.

이건 부정할 수 없는 사실이다. 부자가 되고 싶으면 부자들과 함께 생활하라는 말도 자주 들었을 것이다. 난 부자가 되고 싶었지만 그보다 먼저 월세를 받고 싶었다.

난 뭘 했겠는가? 여기저기 카페를 기웃거리고 부동산 관련 강의를 듣고 부동산 카페 사람들과 만나 여기저기 부동산 물건을 보러 다녔다.

친구 따라 강남 간다는 말 들어보았나? 그렇게 하나둘 사람들을 알게 되면서 그 사람들과 함께 여러 종류의 부동산을 보러 다니기 시작한 것이다.

과감한 행동이 필요한 시기는 언제인가?

처음 투자를 시작한 건 2016년 12월이었다. 아직도 기억난다. 지인들이 투자를 하고 나서 그 이야기를 듣다가 나도 모르게 하나 하고 싶다는 생각이 번쩍 든 것이다.

아무 생각 없이 하나 해야겠다는 생각에 지인들에게 물어보았고 내 돈 천만 원이 들어가는 투자 상품이 있다고 하여 바로 진행하게 된다.

부동산을 매입하기 위한 자금 중 일부는 지인의 도움이 필요했기 때문에 고민하던 중 아버지의 도움을 받기로 했다. 아버지께서는 건설회사에서 오랜 기간 재직한 경험이 있으셨기 때문에 이해해 주실 거라 믿었다.

내가 부동산 투자를 하겠다고 했을 때 반대는 없으셨다. 다만 한두 푼이 아닌 거액의 투자인 만큼 잘 알아보고 진행하라는 당부의 말씀을 잊지 않으셨다.

사실 지금 생각하면 내 돈이 얼마가 들었더라도 이때 시작을 한건 참 잘했다는 생각이 든다. 정말 이때는 머릿속에 오직 한가지 생각밖엔 없었기 때문이다.

'무조건 하나 만든다.'

시작하지 못하는 사람들은 항상 뻔하다. 이유를 달고 산다.

'너무 비싸'

'대출받기 싫어'
'빚쟁이 되기 싫어'
'내가 될까?'
'다른 사람들이 알면 어쩌지?'
'잘못되면 어쩌지?'
'사기당하는 거 아냐?'

시작해보지 않은 사람들은 경험도 없는 사람들에게서 들은 소위 '카더라' 정보로 자신을 휘감는다. 하지만 난 과감하게 진행했다. 무식하게. 지인들도 했다는 이유 하나만으로. 때론 이렇게 아무것도 모르고 과감하게 지르는 게 필요하다.

여유로운 생활을 누릴 수 있는 가장 간단한 방법

부동산 월세 투자를 시작할 때쯤 난 보다 나은 급여수준으로 직장생활을 하고 있었지만 추가로 받은 신용대출 덕분에 실질적으로 급여를 받으면 남는 게 거의 없었다.

생활비 명목의 신용카드값, 보험료, 어머님 용돈, 신용대출이자를 제하면 남는 돈은 거의 없다시피 했다. 다만 신용대출을 받았기 때문에 현금 보유는 어느 정도 하고 있었다.

이 여유 현금이 모두 부동산 투자로 들어갔다. 그리 길게 생각해 볼 필요가 없었다. 만약 한 달에 10~20만 원 정도만 추가로 들어올 수 있다고 생각해보자.

생활이 훨씬 여유로워질 것이다. 추가로 들어오는 현금을 만들 수 있는 가장 좋은, 가장 쉬운, 가장 간단한 방법이 바로 부동산 월세 투자였다.

전권영의 〈직장인, 월세 받는 빌라 한 채 가지기〉
부동산투자, 이것은 알고 하자

알면 알수록 매력적인 투자도우미, '지도'

난 지도를 보는 게 쉬웠다. 지도만 있으면 스마트폰만 있으면 어디든 찾아갈 수 있다. 하지만 부동산 투자를 하면서 지인들과 다녀본 결과 의외로 길을 찾는 것을 어려워하는 분들이 많다는 것을 알았다.

지도 보는 법을 알려주려는 건 아니다. 인터넷으로 검색해보면 쉽게 알 수 있다. 지도를 볼 줄 알아야 하는 이유는 지도는 아주 다양한 정보를 알려주기 때문이다.

내가 찾는 물건의 위치만 확인하는 것이 아니다. 병원, 지하철역, 쇼핑몰, 백화점, 학교, 행정구역 경계, 땅의 사용 용도 등 다양한 정보들을 한눈에 볼 수 있는 정보의 요람이기 때문에 지도와 친해지는 것이 좋다.

월세투자, 그곳에 가면 답이 보인다

배고프면 뭘 하나? 먹을 걸 찾아 나선다. 냉장고 문을 열기도 하고, 스마트폰을 들고 맛나는 음식이나 음식점을 검색해 보기도 하고, 사무실 밖을 나와 근처 식당을 돌아다닌다. 왜? 배가 고프니까. 배를 채워야 하니까. 이것은 본능이다.

투자도 마찬가지다. 특히 실물이 존재하는 부동산 투자는 무조건 가봐야 한다. 부동산에 대해서 잘 몰라도, 전혀 몰라도, 단 '1'도 몰라도. 가봐야 그때부터 하나씩 알게 된다.

말로만 들어 보았던 부동산 물건이, 아파트가, 빌라가, 오피스텔이 방이 두 갠지 세갠지, 화장실은 몇 개인지, 곰팡이는 있는지 비가 새는 건 아닌지, 새 건물인지 오래된 건물인지.

인터넷으로 보고 사진으로 보고, 직접 가지 않고도 인터넷이나 지인들을 통해 간접적으로 해당 투자물건에 대해 정보를 받을 수는 있지만 결국 내가 직접 투자하는 것이고 책임도 내가 지는 것이므로 내 눈으로 직접 보아야 한다.

그리고 그 주변도 함께 보아야 한다. 아무리 부동산에 대해 몰라도 직접 가서 보면 '좋다, 나쁘다' 정도의 느낌이라도 알 수 있다.

2% 부족함을 채울 수 있는 간단한 방법

투자를 함에 있어 중요한 점이 많지만 질문을 하는 것 또한 굉장히 중요하다.

"아는 게 없어서 질문할 것도 없어요."

이런 말은 잠시 접어두자.

하나라도 하고 싶고 정말 간절히 내 마음속에서 부자가 되고 싶다는 의지가 강하게 끓어오르고, 어찌해서든 하나라도 시작하고 싶어 하는 사람들은 눈빛부터가 다르다.

무엇이라도 사소한 것 하나라도 더 배워가고자, 알아가고자 하는 의지가 보인다.

부동산 투자, 쉽고 재미있게 할 수 있다

부동산 투자는 공격적 투자든 수비적 투자든 장기 투자다. 오늘 구입해서 내일 팔아버리는 그런 게 아니란 말이다. 그만큼 긴 시간이 필요하고 긴 호흡으로 가야 한다.

당연히 지루해질 수밖에 없다. 잠깐 흥미를 붙였다가 이것저것 조사해보고 금방 진이 빠져버릴 수 있다. 특히 여유자금이 그리 많지 않을 경우엔 더 심하다.

하나의 투자를 마무리하는데 몇 개월이 걸리기 때문이다. 이런 부동산 투자에서 재미를 붙이고 끊임없이 투자를 이어나갈 수 있는 방법을 두 가지 소개하겠다.

첫 번째, 모임에 가입해라. 투자모임에 가입하면 같은 목적을 가진 사람들이 모여 있기 때문에 대화가 통한다. 하고 싶었던 말들을 할 수 있고 몰랐던 부분들에 대해 편하게 질문할 수 있다. 의외로 다양한 정보를 접할 수 있다.

두 번째, 나에게 줄 보상을 만들어라. 그것이 여행이든, 어떤 보석이나 의류나 먹는 것이든 상관없다. 하나의 부동산 투자를 완료해서 수익이 발생한다면 그동안 고생한 나 스스로에게 어떤 보상을 해 줄지 정해 놓는 것이다.

전권영의 〈직장인, 월세 받는 빌라 한 채 가지기〉
쉽게 쉽게 생각하라

망설여질 때는 이것 하나만 기억하자

우리나라 사람들은 익숙한 게 하나 있다. 바로 시험이다. 미안한 말이지만 우리나라 사람들은 평가받은데 익숙해져 있기 때문에 내가 누군가를 평가하거나 어떤 대상을 평가하는 데에는 익숙하지 않다.

공인중개사 시험이 목표라면 열심히 공부하지만 감정평가사 시험이 목적이라면 열심히 공부하지만 투자가 목적이라면 투자에 대해 열심히 공부하지만, 정작 본인이 뭔가 투자를 시작하고자 한다면 굉장히 심하게 망설인다.

 부동산 투자를 하기 위해서 대부분의 사람들은 실질적인 투자를 시작하기 이전에 보통 한 권의 책만 읽지는 않는다. 수권 또는 십수 권의 책을 읽고, 몇 개의 오프라인 강의를 듣고, 몇 번의 현장 답사를 가보고, 그래도 투자를 망설인다.

 왜? 큰돈, 그것도 피 같은 내 돈이 들어가기 때문이다. 내가 직접 한다는 상황 자체가 익숙하지 않을뿐더러 큰돈이 들어가니 부담이 되는 것이다.

 내 돈이 들어가는 투자이니 만큼 정말 열심히 공부하고 조사한다. 그리고 망설인다. 100% 완벽한 걸 찾기 때문이다. 이건이래서 안되고 저건 저래서 안 된다.

 뭐하나 맘에 드는 게 없다. 뭘 봐도 어딜 가봐도 항상 2% 부족하다. 2%만 부족하면 다행이다. 강의에서 배운 건 많아서 교통, 학군, 생활환경, 편의시설 등 너무 꼼꼼히 본다.

 평소에는 기억도 안 나던 것들이 내가 투자하려는 물건 앞에선 모든 게 떠오르고 눈앞에 있는 것들은 모두 부족한 것들만 보인다.

 때로는 무식한 게 답일 수도 있다. 지금까지 부동산 투자를 하면서, 또는 주변 지인들이 투자를 하는 모습들을 보면서 망설이다가 좋은 기회를 보내버리는 안타까운 경우를 참 많이 보았다.

참 재미난 점은 망설이다가 놓친 부동산은 백이면 백 나중에 수익을 남겨준 물건들이라는 점. 당사자도 나중에 후회했다는 것이다.

한가지 팁을 주자면 정말 나쁜 물건들은 애초에 사람들이 쳐다보지도 않을뿐더러 매입할 부동산 후보 리스트에도 오르지 않는다는 것이다.

괜찮은, 한 번은 가서 볼만한 물건들만 후보에 오른다. 그렇지 않은가? 경매 사이트에서 물건을 검색하고, 부동산에 문의를 해보며 수건에서 많게는 십수 건을 준비해 놓는다.

직접 보기 전에는 당일 볼 물건들을 3~4개 정도 다시 추리지 않나? 너무 생각이 길어질 필요가 없다. 그냥 질러도 그리 손해 보는 게 아니더라.

나에게 앞으로 일어날 멋진 변화와 미래에 집중하자

'크게 보고 크게 생각하라'

한 번쯤은 들어보았을 말이다. 어찌 보면 너무나 당연한 말일 수도 있지만 정작 무엇을 하건 우리는 작게 보고 작게 생각하는 성향이 강하다.

그럴 수밖에 없는 게 아무리 크게 본다 한들 시작은 작은 것에서부터, 하나에서부터 진행되기 때문이다. 그래도 최초에는 나의 목표를 크게 잡았듯 크고 넓게 멀리 생각해보자.

부동산 투자를 하기 위해 미시적인 세계경제(까지 보는 이는 정말 소수에 가깝지만)를 훑어보고 국내 경제상황과 부동산 경기를 살펴본 후 구체적인 지역 선정에 들어가자.

어느 종목에 투자할지 정하는 것은 이미 끝난 후다. 지역이 선정되면 본격적으로 지역을 쪼갠다. 시/도-> 구/군 -> 동/읍, 면으로 상세하게 쪼갠다.

시세를 살펴보고 거래량을 본다. 일반적으로 이렇게 배웠고 이렇게들 한다. 투자대상을 2~3개로 압축한 뒤 실질적인 현장답사를 실행한다. 그리고 맘에 든다면 바로 투자.

크게 보고 크게 생각하라고 말하는 이유는 정작 계약을 할 때 한두 가지 때문에 밤을 새울 정도로 고민하지 말라는 말이다. 계약이 진행되고 나면 그 뒤에 어떤 일이 일어나든 다 수습하게 되어 있다.

작은 것 하나에 너무 연연하지 말자는 말이다. 그렇게 오랜 시간 동안 내 시간적 공간적 금전적인 공을 들여 투자한 물건이다.

크게 보고 시작해 결국 하나 완성된 것 아닌가? 당신의 결정으로 멋진 미래가 시작되었다. 그 투자물건으로 인해 앞으로 일어날 나의 큰 변화와 미래에 집중하자.

직장인, 월세 받는 빌라 한 채 가지기

PART _ 3
평범한 직장인에서 "월세 5번 받는 남자"로

"인생은 선택이다. 두렵고 힘든 선택이지만, 언젠가는 해야 할 선택이라면 지금 하라!"
- 전 권 영 -

전권영의 〈직장인, 월세 받는 빌라 한 채 가지기〉

월세 투자의 첫걸음, '종잣돈' 만들기

종잣돈 때문에 난 정말 바보 같은 짓을 했었다. 금융에 대해 전혀 모를 때였다. 연구원으로 첫 입사했을 당시 모든 비용을 제하면 한 달에 여윳돈으로 쓸 수 있는 돈은 10만 원 남짓이었다.

정말 허리띠를 졸라맨다면 30만 원까지는 확보할 수 있었다. 아마 보험과 적금까지 없애면 한 달에 50만 원까지 확보할 수 있었을 것이다. 난 참 멍청한 결정을 한다. 솔직히 말하자면 대출이자 납입을 연체한 것이다. 그것도 3개월 동안.

지금 생각하면 정말 어이없는 행동이었으나 그럼에도 불

구하고 10만 원 남짓 남는 돈을 1년 동안 모아 1년 후 120만 원으로 뭘 할지 고민하니 답이 없는 것이었다.

그렇게 대출이자를 상환하지 않고 모은 돈으로 처음에 주식투자를 했으나 종잣돈이 작으니 수익률이 높아도 답이 보이지 않았다.

내 판단이 틀렸다는 것은 그리 오래지 않아 알 수 있었다. 대출은행으로부터 상환 압박이 들어온 것. 거기에 연체가 지속되니 신용도는 급격히 하락했다.

이 과정을 겪으면서 금융권에 대해, 그리고 대출에 대해 어느 정도 눈을 떴다. 지인들의 도움으로 채무는 상환할 수 있었으며 이때 정신을 차려 이후로는 연체 없이 신용도 상승시킬 수 있었다. 그리고 나서 뭘 했겠는가?

계획적으로 접근해야 하는 목돈마련

정상적인 방식으로 목돈 마련은 어렵다는 걸 실감 후 신용대출을 받았다. 지금은 대출조건이 상당히 까다로워졌지만 우리나라 은행의 주요 수입원은 대출에서 발생하는 이자라는 것에는 변함이 없다.

직장인이고 재직증명이 가능하며 4대 보험에 가입되어 있고 연체기록만 없다면 신용대출이 가능하다. 정말 회사에 큰 일이 있거나 근무 중 큰 실수를 저질러 퇴사를 해야 하는 경우가 아니면 된다.

신용카드 남용으로 월급 이상의 소비를 하는 사람이 아니면 된다. 한 달에 벌어들이는 소득에서 대출이자를 감당하고도 여유가 된다면 신용대출은 종잣돈을 만드는데 나쁘지 않은 선택이 될 수 있다.

하지만 절대 신용대출을 권하는 건 아니므로 오해하지 말기 바란다. 난 그때 당시 종잣돈을 빨리 모으고 싶었기 때문에 신용대출을 받은 것뿐이다.

무리한 대출이나 상환 계획이 없는 소비를 위한 지출을 위한 무분별한 대출은 절대 하지 말아야 한다. 계획 없는 대출은 결국 독이 되어 돌아온다.

종잣돈은 계약금이 아니다

부동산 투자를 할 때 간혹 잘못 알거나 오해하는 사람들이 있다. 계약금만 있으면 되는 줄 아는 것이다. 또는 실투자금만 있으면 되는 줄 아는 것이다.

또 한 가지는 집 한 채를 사려면 지금 당장 집값 전체가 필요하다고 생각한다는 것. 이 부분은 뒤에서 다시 다루도록 하겠다.

전권영의 〈직장인, 월세 받는 빌라 한 채 가지기〉

월세투자, 시작하기 전 준비할 것들

언제나 힘이 되어 주는 이들은 누구인가?

가족? 의아한가? 눈치 빠른 사람이라면 충분히 이해할 것이다. 가족은 상당히 중요하다. 여러 의미에서 중요하지만 객관적으로, 아니다 내 생각이니 주관적으로 설명하겠다.

어떻게든 나에게 첫 번째 부동산이 생기는 것이다. 부동산이 무엇인가? 쉽게 말해 집이다. '토지(땅)+건물(집)'인 것이다. 우리가 부동산을 일반적으로, 아주 정상적인 경로로 취득하게 되면 땅과 그 위에 건물을 함께 가지게 된다.

땅과 건물을 가지게 되는데 어떻게든 가족들이 알게 될 수밖에 없다. 평생 비밀은 없지 않나? 가족들이 응원을 해 주든, 알아서 하라는 대로 방치를 하든, 절대 안 된다며 반대를 하든 가족의 의사는 중요하다.

가족이 있기에 내가 있기 때문이다. 가족을 적으로 만들면 아무것도 할 수 없다. 아마 집에도 못 들어갈 것이다. 정말 부동산 투자에 대한 믿음과 의지와 열정이 강하다면 충분히 가족들도 이해해 줄 것이다.

선택을 가능하게 하는 힘, '용기'

삶을 살아가는 데 있어 부동산 투자뿐 아니라 어떤 일을 하더라도 용기는 절대적으로 필요하다. 용기라고 해서 꼭 크고 대단한 게 아니다.

학창시절, 또는 사회 생활하면서 마음에 드는 이성에게 다가가 인사하는 것, 연락처를 물어보는 것, 길을 가다가 길을 잃었을 때 지나가는 사람에게 물어보는 것도 용기다.

부모님께 용돈을 달라고 할 때, 마트에서 라면을 고를 때 등등 어떤 선택을 함에 있어 용기가 필요하다. 인생의 매 순간은 선택의 연속이다.

내 선택이 옳았기를 바라면서 어떤 선택을 했을 때 그 선택을 하는 힘. 결국 뭘 해도 나 스스로 하는 일이기 때문에 모든 책임은 나에게 있고 그렇기 때문에 더더욱 용기는 꼭 필요하다.

나를 가장 믿어주는 사람은 누구인가?

확신은 참 어려운 단어다. 확신은 100%를 의미하기 때문이다.

'반드시 된다'
'이건 분명하다'
'이건 확실하다'

이런 생각을 하는 것이 확신이다. 살면서 이러한 확신을 몇 번이나 느껴 보았는가? 어쩌면 너무 당연한 것들 때문에 확신이지만 확신을 느끼지 못한 경우도 많을 것이다.

이 또한 너무 어렵게 생각하지 말자. 전등스위치를 켜면 불이 확실히 켜진다. 끄면 확실히 꺼진다. 이건 확실하며 내가 확신한다.

힘들게 모은 피 같은 내 돈으로 과감하게 투자하겠다고 결심했는가? 투자를 위해 열심히 공부하고 자료조사하고 답사하고 다녀서 최종적으로 계약을 앞두고 있는가?

스스로를 믿어라. 지금까지 한 번의 투자를 위해 수많은 시간을 고민하고, 생각하고, 공부하고, 나의 자원을 투자해서 노력했다.

최종적으로 하나를 선택했다면 확신을 가져라. 세상 그 누가 뭐라고 해도 나는 나를 믿어야 하지 않겠나? 내 인생 내가 사는 것이니 말이다.

전권영의 〈직장인, 월세 받는 빌라 한 채 가지기〉
직장인을 위한 맞춤, 수익형 부동산

월세투자의 기본, 빌라부터 시작하자

누구나 꿈 꿀 것이다.

'부자'

부자만 될 수 있다면 영혼까지 팔 수 있다는 생각을 한 번쯤 해본 사람도 있을 것이다. 불가능한 건 아니다. 하나하나 천천히 실행해 간다면 말이다. 하나의 생명이 탄생해 살아가는 과정을 예로 들어보자.

아이가 태어나면 누워있는다. 그리고 기어 다니기 시작한다. 옹알이를 시작하고 걸어 다닌다. 조금씩 말을 배우고 뛰기 시작하고 드디어 "엄마", "아빠"를 말하기 시작한다.

어린이집에 가고, 유치원, 초등학교, 중학교, 고등학교까지 거치게 된다. 너무나 당연한 과정이다. 우리는 이 과정을 너무나 당연하다고 생각한다.

투자도 마찬가지다. 처음부터 건물주가 될 수는 없다. 물론 금수저로 태어나 그 순간부터 이미 부자인 사람들도 있지만 그건 극소수일 뿐이다.

부동산 투자의 시작은 비교적 적은 금액으로 쉽고, 편하게 시작할 수 있는 것이어야 한다. 그래야 부담이 적고, 문제가 생기더라도 충분히 해결할 수 있다.

기초를 다진다고 보면 된다. 가격도 가장 저렴한 편에 속하고 거래량도 상대적으로 많다. 처음 시작하는 만큼 쉬운 것부터 익숙해지자. 한 걸음씩 가다 보면 결국 원하는 것을 얻게 될 것이다.

내가 직접 살아도, 살지 않아도 된다

시작을 작은 빌라, 예를 들어 투룸, 쓰리룸으로 시작한다면 어차피 거주용이기 때문에 여차하면 내가 들어가서 살아도 된다. 너무 무책임한 말이라고?

투자든 실거주든 어쨌든 부동산을 매입하면 내 소유의 부동산이 생기는 것이다. 물론 내가 거주하게 되면 투자할 때보다 돈이 조금 더 들겠지만 그래도 내 집이 생겼는데 그만한 기쁨이 어디 있겠는가?

빌라도 되고 오피스텔도 된다

빌라는 익숙한데 오피스텔은 조금 생소할 수도 있다. 자세히 파고들면 건축 법과 주택법까지 설명해야 하므로 그냥 집이라고 보자.

뒤에 자세히 언급하겠지만 난 처음부터 지금까지 매입한 부동산이 모두 방 3개 욕실 2개의 주거용 오피스텔이다. 동네에서 또는 길 가다가 흔히 볼 수 있는 5층 이하 빌라는 말 그대로 빌라다.

오피스텔도 우리가 일반적으로 생각하는 14~15층짜리

건물이 맞다. 빌라들 사이에 자주 보이는 아파트처럼 1동씩 지어진 10층 이상 건물들을 보았을 것이다.

그런 방 2개, 방 3개 있는 높은 건물을 오피스텔 또는 복합건물이라고 보면 된다. 이에 대해서는 실 사례에서 좀 더 자세히 살펴보자.

신축빌라 투자 어떻게 하나요?

어떤 투자든 방법은 똑같다. 지역을 먼저 선정하거나 가격대를 먼저 선정하면 된다. 가격대는 내가 투자할 수 있는 종잣돈 수준으로 선정하면 된다.

아무래도 수도권에서는 인천만큼 투자하기 좋은 지역은 아직 없었다. 물론 투자 커뮤니티에서 활동하고 있다면 그 안에서 정보를 알아보는 것도 좋다.

투자 물건을 몇 가지 선택했다면 해당 부동산에 전화를 걸어 실제로 있는 물건인지 확인 후 직접 방문한다. 보통 처음 투자할 때는 직접 가지만 한번 인연을 맺은 부동산과는 모든 일을 위임해서 진행하는 경우도 있다.

해본 이의 조언

뒤에 자세히 언급하겠지만 난 부동산 투자를 오로지 신축 오피스텔로 만 채웠다. 그럴만한 이유가 있었다.

첫 번째, 투자하기가 아주 쉬웠다. 처음 인연을 맺은 부동산에서 좋은 신뢰관계를 형성했기 때문에 좋은 물건을 계속 추천받을 수 있었고 하나둘 진행하면서 지역 공부도 되어 개수가 늘어날 때마다 투자에 대한 공포감은 점점 줄어만 갔다.

둘째, 신축은 구옥(일반 부동산 물건)보다 대출 조건이 좋다. 즉 대출을 보다 잘 받을 수 있기 때문에 좋은 조건으로 부동산 매입이 가능했고 결과적으로 실투자금을 낮출 수 있었다.

셋째, 신축은 말 그대로 새 건물이다. 새 건물을 진행하면 해당 부동산에서 세입자까지 맞춰준다. 말 그대로 원스톱 캐어. 내가 신경 쓸 것은 일정과 자금 관리뿐이다.

신축 오피스텔로 만 자산 포트폴리오가 채워졌다. 여러 건을 진행하면서 알게 되었지만 사실 이렇게 될 줄은 나도 몰랐다. 하다 보니 이렇게 된 것이다.

부동산 투자는 절대적 금액 자체가 적게는 수천만 원에서 많게는 억 단위이기 때문에 투자를 시작하는 시점에서 불안한 건 당연한 일이다.

이렇게 큰돈이 오가는 걸 언제 겪어 보겠나? 하지만 부자가 되려면 한 번 이상은 겪게 될 일이다. 부자가 되기 위해 반드시 부동산 투자를 할 필요는 없다. 그러나 부자로 가는 길 중에 대표적인 길 중에 하나임은 틀림없다.

전권영의 〈직장인, 월세 받는 빌라 한 채 가지기〉
첫 번째 투자, 집주인이 되다

　부동산 투자 입문을 신축 오피스텔로 시작했고, 지금도 계속 신축 오피스텔만 투자하고 있다. 회사에서 기술영업직으로 일하고 있는 평범한 영업직 회사원이었다.

나는 돈을 벌고 싶었다

　2010년 대학교를 졸업했지만 취업을 하지 않고 대학원 진학을 선택했었다. 하지만 가정 형편상 빨리 취업을 해야 했기 때문에 대학원 휴학을 하고 취업을 했다.

취업을 하고 급여생활자가 되었지만 급여에서 고정비를 제한 비용을 저축하자니 이러다 결혼은 할 수 있을지 걱정이 되었다.

2012년부터 주식투자를 시작했다. 취업한지 막 2개월이 지났을 무렵이었다. 아무것도 모르는 사회 초년생, 주식초보자가 할 수 있는 건 그렇게 많지는 않았다.

날고 긴다는 주식고수들이 운영하는 카페 회원으로 들어가 귀동냥으로 듣거나 유료회원 가입으로 동영상 강의 청취 및 추천주를 받는 일이 전부였다.

하지만 이때 유료회원으로 가입하면서 정말 비싼 돈을 내고 강의를 들었다. 정말 부자가 되고 싶어서 유료로 제공되는 정보들은 어떤 것이 있는지 너무나 궁금했던 것이다. 이때의 강의는 훗날 부동산 투자에도 영향을 주었다.

회사를 다니며 주식투자를 하다가 결국 망한 건 아니지만 큰 수익을 내지 못했던 나는 서점에서 책을 보다가 눈에 들어오는 책을 발견했다. 부동산 카페를 운영하는 사람이 쓴 첫 번째 책이었다.

그 책을 읽고 부동산 투자를 알게 되었고 바로 카페에 가입했다. 하지만 하던 게 주식이라 카페 활동은 전혀 하지 않고 있었다. 그러던 어느 날. 주식 차트를 보다가 문득

'정말 이대로는 아무것도 안 된다'

라는 생각이 들었다. 퇴근 후 나는 바로 예전에 읽었던 카페 운영자의 책을 다시 읽었고 바로 카페에 접속해 내가 들을 수 있는 강의를 수강하기로 했다.

부동산 투자를 알다.

카페에 여러 가지 교육 단계를 확인 후 난이도를 떠나 가장 빨리 들을 수 있는 수업을 선택해서 들었다. 이론 강의였다. 이론 강의여서 였는지 뭔가 실물이 잡히지는 않았다.

운이 좋아서 바로 다음 달 실전강의를 들을 수 있게 되었다. 언제부터 내 인생이 바뀌었을까? 바로 이때부터 진짜 월세 받는 임대 사업자의 삶이 시작되었다.

첫 투자는 무조건 잘한 것이다

실전강의는 실제로 부동산 물건 1개는 꼭 투자해서 월세 받는 부동산 하나를 만들겠다는 목표를 달성하기 위한 프로그램이었다. 때문에 회원들 사이에서 상당히 인기가 높았다.

이 수업을 듣는 분들은 의지가 대단했다. 물론 나를 포함한 대부분 직장인이었지만 주말을 반납한 현장 답사 스케줄임에도 모두 열정적이었다.

이때에는 주말, 휴일에도 출근을 했어야 했기 때문에 같이 현장답사를 하기로 한 팀원들이 답사 후 뒤풀이를 할 때 합류할 수 있었다.

현장답사 결과를 듣던 중 일부 회원들이 경매물건이 아닌 신축오피스텔을 계약했다고 들었다. 한분은 플피(플러스피), 한분은 무피(실투자금 0)였다.

'이거다!! 난 이거라도 해야 한다.'

휴일에도 출근해야 하는 직장인에게 경매는 사치였다. 물론 경매는 부동산을 저렴하게 취득할 수 있는 좋은 수단 중에 하나다.

하지만 평일에 시간을 낼 수 없었던 나는 신축밖엔 답이 없다고 생각했다. 나의 신축 오피스텔 스토리가 시작되는 날이었다.

지금이 최선이다.

그때는 몰랐다. 하지만 투자를 시작한 이후 지금까지 늘 생각하는 것이 있다. 투자는 항상 지금이 최선이라는 것이다. 어떤 부동산 물건을 매매하더라도 나에게 좋아 보이는 물건은 다른 사람에게도 좋아 보인다.

정말 확신이 들지 않아서 였다면 모를까? 어영부영 머뭇거리다간 다음날이면 새로운 주인을 만난 물건들을 숱하게 보았다. 지인들의 투자 사례도 마찬가지였다.

부동산은 마음에 들면 바로잡아야 한다. 지금 이 순간 말이다. 아무리 생각해도 지금껏 투자한 물건들은 참 잘 했다는 생각이 든다.

경매를 할 수 없었기 때문에 신축 투자를 진행한 팀원에게 물어봤다. 현재도 물건이 남아 있는지 확인해 달라고 말이다.

알아보니 실 투자금이 1,000만 원 들어가는 물건이 있다고 한다. 생각할 틈이 없었다. 토요일이었던 그날 저녁. 바로 다음 날인 일요일 물건을 보러 가기로 했다.

친구 따라 강남 간다? 기분 따라 강남 간다!

지역은 인천 부평구 부평동 부흥 오거리 인근. 인천은 처음 가보는 거였으며, 아무것도 모르는 상태였다. 오로지 수강기간 안에 내가 월세 받을 부동산 하나 만든다는 생각만 머릿속에 있을 뿐이었다.

지금에야 웃으며 말할 수 있지만 그땐 정말 앞만 보고 달려갔다. 보고 괜찮으면 바로 계약하겠다는 생각뿐. 분양가나 인근 시세나 입주물량, 월세 시세 등 지역분석은 단 '1'도 하지 않았다.

단지 가는 길에 네이버 지도로 위치를 확인해 보고 부동산 매물을 확인해 본 것이 전부였다. 그래도 그곳까지 가는 길은 정말 즐겁고 흥분됐다.

높이. 더 높이!

도착해서 담당 부동산과 신축 오피스텔 현장에 도착했을 때 안내받은 곳은 7층. 방향과 구조는 서향 4bay 구조. 다행히 거실과 모든 방이 막힘없이 채광이 좋았다.

조망도 나쁘지 않았다. 하지만 거실에서 바로 앞 아래쪽에 건물 옥상이 가까이 보이는 게 조금 걸렸다.

"혹시 여기보다 높은 층은 없나요?"
"8층이 있는데 바로 전날 신혼부부가 계약을 했다고 하네요."
"그럼 그냥 보기만 할게요. 볼 수는 있죠?"

그리하여 8층으로 올라갔다. 당연히 8층이 더 좋았다. 1층 차이임에도 불구하고 약 3m~4m 더 올라갔을 뿐인데 전망은 확연히 차이가 났다.

지금이야 정말 잘 한 선택이라고 생각했지만 그땐 정말 8층 거실에서 보이는 전망. 그것 하나밖엔 안 보였다. 그것만 봐도 만족했던 것이다. 지금 생각해도 정말 웃음만 나오는 상황이었다.

8층은 완전히 신경 쓰고 아래를 보지 않는 이상 앞쪽에 멀리 건물만 보일뿐 가리는 게 하나도 없었다. 서향이었으나 앞에 가리는 게 없으니 전망이 좋을 수밖엔 없었다.

그랬기 때문에 어떻게든 8층을 갖고 싶었다. 어떻게 방법이 없겠냐고 물어봤고, 담당 부동산은 분양사무실에 알아보겠다고 했다.

너무 간절하게 물어봐서 일까? 분양사무실에서 어제 계약한 신혼부부는 계약금만 조금 내고 계약서는 쓰지 않았다고 전해왔다.

"계약금 500만 원 지금 바로 드리고 계약서 쓸게요. 8층 제가 하게 해주세요."

그렇게 난 8층을 계약했다. 그렇다. 신혼부부가 가계약한 신혼집을 빼앗은 나쁜 사람이 된 것이다. 그래도 어쨌든 내 것이 된 거 아닌가? 이 험한 세상 먼저 계약서 쓰는 사람이 임자 아닌가?

그렇게 난 나 자신을 합리화 시켰다. 그렇게 분양사무실에서 계약서를 작성하고 계약금을 이체하고 계약서를 들고 기분 좋게 집으로 향했다.

〈그림1. 첫 번째 월세 부동산 조망〉

이날 부동산 투자에 있어 중요한 걸 몇 가지 배웠다.

ㄱ. 안될 것 같아도 일단 말이라도 해보자.
ㄴ. 계약서 쓰는 사람이 우선이다.
ㄷ. 역시 돈이다.

계약서는 시작일 뿐이었다.

계약서를 들고 온 날 이상하게 잠이 잘 왔다. 보통 큰 결정을 하거나 중요한 결정을 한 날은 으레 가슴이 뛰어서 잠을 잘 못 잔다고 하는데 난 잠만 잘 잤다. 나도 월세 부동산 한 건 만들었다는 안도감 때문이었나 보다.

보통 계약금을 내고 난 후 잔금을 낼 때는 대출을 일으켜 납부하는 게 일반적이다. 보통 잔금(대출실행) 일까지 한 달 정도 여유를 둔다.

그동안 신용조회를 하고 계약자의 신용상 문제가 없으면 자서(자필서명)를 하여 내가 계약한 부동산에 대한 담보대출 계약을 해당 은행과 하게 된다.

이러한 일련의 활동이 진행되는 동안 월세 세입자 광고를 하게 된다. 잔금 납부가 완료되면 한 달부터 대출 이자를 납부해야 한다.

대출이 실행되었기 때문이다. 하루라도 빨리 월세 세입자를 받아야 한다. 월세를 받아야 수익이 발생하고 그 수익으로 대출이자를 낼 것 아닌가!

난 계약금 외 대출금을 제외한 나머지 잔금은 아버지께 도움을 받기로 했기 때문에 아버님의 역할이 상당히 중요했다. 아버지께서 잔금 일부를 지원해 주신다고 하셨기 때문에 선뜻 진행할 수 있는 투자건이었다.

그런데 아버지 쪽에서 문제가 생겼다. 아버지께서 지원해 주시기로 한 자금이 신용대출이었던 것이다. 아버지께서 자금을 보유하고 있는 건 알고 있었지만 아버지는 그 자금을 다른 곳에 이미 사용하셨던 것이다.

나에게 지원하기로 한건 신용대출을 받아서 해주신다는 것이었다. 그런데 그 신용대출도 생각했던 것보다 한도가 적게 나와 애초에 나에게 지원해 주시기로 했던 금액보다 덜 나온다는 것이었다.

신용대출을 받으시면서까지 그렇게 하지는 말라고 말씀드렸지만 계약서를 쓴 후에 알게 되다 보니 가능한 금액이라도 지원받는 게 좋겠다는 생각에 아버지께 가능한 금액을 지원받았다. 그럼에도 잔금을 치르기엔 자금이 부족한 상황.

회사에서 일하는 동안 당연히 일이 손에 잡히지 않았다. 어떻게 자금을 마련해야 할지 고민하는 사이 정말 초인적으로 머리가 돌아가며 온갖 생각이 떠올랐다.

내가 선택한 카드는 마이너스통장(이하 마통) 만들기. 회사 눈치 보며 점심시간에 마통을 만들러 근처 은행에 갔다. 다행히 마통은 만들 수 있었으며 정말 기적처럼 딱 필요한 만큼의 한도가 나와 마통을 만들 수 있었다.

산 넘어 산.

그렇게 자금을 마련하여 대출금 외에 잔금을 납부하게 된다. 이제 대출만 받으면 되는 상황. 담보대출로 잔금을 모두 치르면 그 부동산의 등기는 완전히 나에게 넘어오는 것이다.

내 집이 된다는 뜻이다. 그렇게 잔금 치르는 날까지 순조롭게 가고 있었다. 물론 그 와중에도 월세 세입자를 구하기 위한 광고는 계속 진행되고 있었다.

잔금을 치르는 날. 담보대출이 실행되는 바로 그날(담보대출이 실행되는 걸 '기표를 낸다'고 한다) 또 문제가 터졌다. 법무사에서 전화가 왔다.

"취득세와 법무비로 OOO만 원 주셔야 합니다."

대출만 받으면 끝나는 줄 알았는데 돈을 또 달란다. 도대체 부동산 하나 취득하는데 돈이 어디까지 들어간단 말인가? 부동산 취득하고 세금에 법무비까지 납부하고도 돈이 또 들어갈 기세였다. 실제로 또 들어갔다.

'나 돈 없는데.'

정말 돈이 없었다. 취득세는 세금이라서 신용카드로 납부가 가능했지만 법무비는 현금으로 바로 이체해야 하는데 무슨 수로 추가 자금을 마련한단 말인가. 게다가 월급날은 이미 지났다.

정말 지푸라기라도 잡는 심정으로 지인들에게 전화를 돌렸다. 간절하면 통하나 보다. 어떻게 법무비가 마련되었다. 그렇게 부동산 한 건을 취득하는 일이 마무리 되었다.

끝난 게 끝난 게 아니다

부동산을 취득하고 한숨 돌리고 있었다. 관련 문서 처리는 법무사에서 진행해주기 때문에 나는 회사에서 일하면서 전화통화로 법무사에게 진행 상황을 전달받기만 하면 되었다.

그렇게 부동산 취득을 완료하고 며칠이 지나자 갑자기 생각난 게 있었다.

'월세 세입자는?'
'빨리 세입자 받아서 대출이자 내야 하는데?'

수익형 부동산의 경우 임차인으로부터 받는 월세에서 일부를 은행 담보 대출이자로 납부하고 나머지를 수익으로 갖는 구조이다. 따라서 임차인이 빨리 구해지는 것이 임대인에게는 유리하다.

그런데 부동산을 취득했다는 안도감과 기쁨에 잠시 중요한 걸 놓치고 있었던 것이다. 그날부터 담당 부동산에 투정인 듯 투정 아닌 투정 같은 투정을 부리기 시작한다.

임차인 구해졌냐고 말이다. 나도 사람인지라 매일매일은 못하고 눈치도 보이고 해서 2~3일에 한 번씩 문자, 1주일에 한 번씩 전화를 했다. 담당 부동산은 짜증 날법도 했을 텐데 잘 들어주고 공감해 주어서 너무 감사했다.

이제 정말 마무리인가?

부동산을 취득하고 약 1달 반 정도가 지났을 무렵이다. 그 기간 동안 회사일은 회사일대로 바빴지만 첫 달 대출이자를 내 돈으로 냈기 때문에 속 타는 게 이만저만이 아니었다.

그도 그럴 것이 지금까지 살아오면서 억이 넘는 부동산을 취득한 것이 처음이었다. 억이 넘는 대출을 받는 것도 처음이었다.

예상치 못한 자금을 지출하게 된 것도 처음이었다. 회사일도 맘 갖지 않게 어려워질 무렵 부동산에서 연락이 왔다.

"세입자가 들어온다고는 하는데 월세를 조금만 깎아달라고 하네요. 괜찮으시겠어요?"

당연히 콜이다. 처음 겪어보는 일에 시간도 거의 한 달 반 두 달여를 끌었는데 앞뒤 가릴 처지가 아니었다. 그렇게 임차인 세팅을 마치고 돌아온 마지막 한방이 있었다.

"중개 수수료는 부동산에 입금해 주셔야 해요."

그랬다. 임차인을 들일 때 중개 수수료가 발생하는 것이다. 처음 시작하는 것이다 보니 여기저기 알지 못하는 일들이 많았다. 그렇게 첫 번째 월세 부동산의 생산이 마무리되고 그다음 달부터 월세를 받으며 첫 수익이 실현되었다.

시작이 반이다.

'천 리 길도 한 걸음부터'라고 한다. 그렇다. 뭐든 시작이 중요한 것이다. 처음 투자를 주식으로 시작해서 투자가 무엇인지에 대해 조금 알았다.

부동산 투자를 하면서 투자의 본질과 나에게 맞는, 앞으로 내가 해야 할 투자방식을 알았다. 누구든 처음엔 실수를 한다. 하지만 하고자 하는 게 있다면, 그것이 눈에 보이진 않아도 분명하게 마음속에 자리 잡았다면 과감히 시작해 보자.

한 걸음의 발자국을 만들고 나면 그다음은 어렵지 않을 것이다. 첫 번째 부동산 투자를 완성하면서 여러 가지를 느꼈지만 요약해보자면 다음과 같다.

ㄱ. 실행이 답이다.
ㄴ. 생각을 행동으로 옮기자.
ㄷ. 뭐든 하면서 배우게 된다.

ㄹ. 보유 현금은 한곳에 모두 사용하는 게 아니다.
ㅁ. 월세 투자도 기다림이 필요하다.
ㅂ. 결국 사람이다.

〈표1. 첫 번째 월세 부동산(투자내역)〉

매입가(1)	16,300만원	보증금(4)	2,000만원
매입경비(2)	338만원	월세	65만원
총매입액(1)+(2)	16,638만원	월 이자	39만원
대출금	13,300만원	월 순익	26만원
투자금(3)	3,338만원	연 순수익	312만원
실투자금(3)-(4)	1,338만원	연 수익률	9.3%

〈그림 2. 첫 번째 월세 부동산 거실〉

〈그림 3. 첫 번째 월세 부동산 주방〉

돈 한 푼 들이지 않고 매입하는 부동산의 비밀

먼저 얘기하겠다. 오해하지 마라. 돈 한푼 들이지 않고 매입하는 부동산을 매입한다는 건 결과다. 시작부터 그렇지는 않다.

한창 부동산 월세 만들기를 하고 있을 무렵, 일주일에 한 번은 서점에 갔다. 오늘은, 이번 주는 어떤 책들이 나왔는지, 어떤 유익한 내용의 책이 나왔는지 서점을 둘러보았다.

참 다양한 책들이 존재했다. 경매/공매 책들, 땅으로 부자 된 사람들의 책들, 소형부동산으로 부자가 된 사람들, 아파트로 부자가 된 사람들. 그중 이목을 끄는 책들은 단연 이런 제목들이었다.

'나는 돈 한 푼 안 들이고~'
'돈 없이 부동산~'

당연히 눈에 띌 수밖에 없었다. 사람들 대부분은 직장에 치여 살면서 부자가 되길 꿈꾼다. 어떻게든 없는 돈 조금씩 모아 펀드, 주식, 적금 등 분산투자를 한다.

돈 없이 부동산을 매입한다는데 당연히 솔깃한 거 아니겠는가? 결과적으로 말하자면 정답은 'No'다. 돈 없이, 돈 한 푼 안 들이고 부동산을 매입할 수 있는 방법은 세상에 존재하지 않는다.

상식적으로 생각해보자. 내가 가진 재산이 있는데 이걸 돈 한 푼 받지 않고 그냥 넘겨주겠는가? 그 이면을 자세히 들여다보면 이렇다.

계약금을 또는 경매를 한다면 경매 입찰보증금을 내고 계약이 진행된 후 또는 낙찰이 되면 잔금을 치른다. 이 잔금은 은행융자(대출)을 말한다.

여기서 계약금(입찰보증금)과 은행융자(대출) 그리고 나머지 잔금을 지불해 부동산을 내 것으로 완전히 취득하고 그

후 세입자에게 전세든 월세든 보증금을 받으면 결과적으로 내 돈이 안 들어가게 되는 것이다.

쉽게 예를 들어보자. 집 한 채에 1억 원이다. 계약금 10%로 1,000만 원, 은행 대출 8,000만 원, 나머지 3,000은 월세 보증금, 기타 취득세 및 부대비용 300만 원

그러면 월세 세입자를 받은 후 나는 역으로 700만 원이 남는다. 부동산 한 채 매입해서 결과적으로는 오히려 700만 원을 번 구조가 된 것이다.

하지만 이런 식의 부동산 투자도 결국엔 돈이 필요한 것이다. 처음 부동산 계약 시 1,000만 원, 등기이전비용(취득세 및 부대비용) 300만 원, 은행 대출 외 잔금 2,000만 원이 필요하다.

총 3,300만 원이 내가 현금으로 가지고 있어야 가능하다는 얘기다. 하지만 이런 예는 아주 극적인 경우다. 아주 불가능하지는 않지만 흔하지 않다.

〈표2. 부동산 투자금 예시〉

매입가	100,000,000원
등기이전비 (취등록세 및 부대비용)	3,000,000원
총 매입 비용	103,000,000원
계약금	10,000,000원
대출금	80,000,000원
잔금	10,000,000원
기타(등기이전비)	3,000,000원
총지출	103,000,000원
①내 지출(총지출-대출)	23,000,000원
②월세 보증금	30,000,000원
최종 투자금 (①-②)	-7,000,000원

일반적으로 부동산 소액 월세 투자는 내 돈 2,000만 원 투자하면 월 순수익 20만 원을 기준으로 본다. 즉 최종 투자금 1,000만 원 투자 시 10만 원 순수익을 보는 것이다. 연간 순수익률 12%다.

그렇기 때문에 우리가 일반적으로 상식선에서 월세를 받는 부동산을 만들기 위해서는 기본적으로 여유자금 3,000만 원 정도는 손에 들고 있는 것이 좋다. 그래야 내 마음이 편하다.

지금 가진 현금이 500만 원, 1,000만 원 정도 밖엔 안 된다고? 그래도 월세 투자를 꼭 하고 싶다고? 그럼 주저 없이 나에게 전화해라. 세상에 불가능은 없다.

전권영의 〈직장인, 월세 받는 빌라 한 채 가지기〉
두 번째 투자, 새로운 인생의 시작

안타깝게도 첫번째 월세 부동산을 완성할 때쯤 내가 다니던 회사는 재정위기를 겪고 있었다. 다행히 그때까지는 큰 문제는 없었으나 나는 회사와 문제가 생겼다.

회사와의 갈등으로 퇴사를 결심했고, 비록 첫 번째 월세 부동산이었지만 월세 부동산이라는 이 친구는 나에게 앞으로 얼마나 험난할지도 모르는 부동산 시장에 장밋빛 모습만 보여주었다. 그래서 난 회사를 나오게 된다. 말 그대로 백수가 된 것이다.

나는 회사와 관계가, 그리고 회사의 상황이 여의치 않았다. 아무리 생각해도 그때 빨리 퇴사한 것은 정말 잘 한 일이라고 생각한다.

하지만 번듯한 직장을 다니고 있는 분들이라면, 적어도 매월 급여는 꼬박꼬박 안 밀리고 잘 나오는 회사에 다니는 직장인이라면 당당하게 말할 수 있다.

'그냥 회사 다니세요. 딴생각 말고.'

가족, 가족뿐이다.

회사를 나온 후 집에 있었다. 무엇을 할지 고민이었다. 내 수중엔 첫 번째 월세 부동산 임대로 회수된 보증금 일부, 약 1,800만 원가량이 있었다.

사실 이 돈은 아버지께 드려야 했다. 하지만 퇴직금도 못 받고 생활 자체가 쉽지 않았기 때문에 아버지께 말씀드리고 1,800만 원을 투자하는데 사용하기도 했다.

명문대를 나오고 대학원까지 나온 아들이 33년 동안 키워온 자식이 이 회사, 저회사 옮겨 다녔다. 옮겨 다닐 때마다 회사가 어려워 퇴사할 수밖에 없었던 아들의 모습을 보면서 아버지는 얼마나 가슴이 아프셨을까.

부동산을 하겠다는 아들의 모습을 보고 아버지께서 선뜻 도와주신 이유는 아들에게 거는 기대이자 희망보다는 아들의 기를 조금이라도 살려주고자 그렇게 하셨으리라.

이후 내가 취득하는, 계속해서 생산하는 월세 부동산의 명의는 모두 아버지로 진행하게 된다. 그렇게 할 수밖에 없는 상황도 있었지만 그렇게라도 해드리고 싶었다.

모를 땐 아는 것부터.

2017년 2월이었다. 한참 추운 어느 날, 월세 부동산을 만들기 위해 고민했다. 1,800만 원, 어떻게 사용해야 할까? 중요한 건 1,800만 원을 한꺼번에 사용하면 안 된다 것이다.

내 삶이 향후 어떻게 전개될지 모르기 때문이다. 새로운 직장을 구하기 위해 계속 구직활동은 해야겠지만 언제 구할 수 있는지 모르는 상황이었다.

현금을 모두 투자에 쓰는 건 그냥 죽자는 거나 다름없었다. 약 4개월 치 생활비로 약 600만 원을 묶어두고 1,200만 원으로 물건을 찾기 시작했다.

부동산 매물별 취득 시 장단점

〈표3. 부동산 취득방법별 장단점 〉

	경매	공매	급매	신축
초기경비	높음	높음	낮음	낮음
수익률	높음	높음	낮음	높음
연식	오래됨	오래됨	그때그때 다름	새것
가격	저렴	저렴	저렴	높음
시세방어	좋음	좋음	보통	보통
편의성	낮음	낮음	보통	높음

난 첫 투자를 신축으로 했고 신축의 편리함을 이미 맛보았다. 그래서 신축으로 투자대상을 정했다. 부동산을 경제적으로 취득할 수 있는 방법으로는 경매가 최고다.

부정할 수 없다. 하지만 나는 다르게 생각했다. 상황도 달랐다. 경매물건이 98년식 빌라가 나왔다. 당연히 경매로 저렴하게 구할 수 있을 것이다.

2012년 빌라가 경매에 나왔다. 운 좋으면 상대적으로 저렴한 가격에 낙찰받아 좋은 수익률의 월세 부동산을 만들 가능성도 있다.

하지만 그렇다고 98년식, 2012년식을 단지 숫자만으로 비교할 수 있을까? 98년식은 얼마, 2012년식은 얼마, 2017년식은 얼마.

당연히 같은 지역에서라면 월세 시세가 크게 차이가 없다면 가능한 저렴한 물건을 더 저렴히 취득해 수익률을 끌어올릴 필요가 있다. 그건 맞는 말이다. 그러나 난 그렇게 할 수 없었다. 비용 때문이다.

일반적으로 신축 오피스텔(인천 기준)을 취득하기 위해서는 계약금 300~500만 원 정도가 필요하다. 그러나 경매나 공매는 최저가의 10%를 입찰보증금으로 납부하게 되어있다.

바로 그게 문제였다. 1,200이면 신축일 경우 많게는 최대 4건까지 진행할 수 있는 금액이었다. 경매의 경우 그나마 들어갈 만한 물건이 있어도 최대 1~2건이다. 6,000만 원 이하 물건은 입찰하고 싶은 물건이 없었다.

적어도 7,000만 원 이상의 경매물건이어야 내가 보고도

'음. 그래도 이 정도에는 살아야지.'

생각이 들었다. 또한 신축은 계약에서부터 취득, 세입자 임대 세팅까지 담당 부동산이 처리해 주지만, 경매를 통한 부동산 취득에는 낙찰자가 모든 활동을 혼자 해야 했다.

여기서 반드시 기억해야 할 점이 있다. 신축이든 경매든 임차

인이 들어오는데 소요되는 기간은 정해진 것이 없다는 것이다.

신축이라고 빨리 임대 세팅이 되고 경매로 취득한 빨간 벽돌 빌라라고 임대 세팅하는데 4~5개월이 걸리고 그런 건 아니라는 말이다.

그렇게 신축 오피스텔에 투자하기로 결정한 나는 망설일 것이 없었다. 처음 부동산 투자 때는 몰랐지만 첫 번째 월세 부동산을 취득하면서 부평구 부평동이라는 곳에 대해 알게 되었다.

임대 세팅하는 그날까지 차츰차츰 부평이라는 곳을 알아갔다. 그리하여 소액 투자의 성지라 불리는 인천에서 내가 투자를 결정한 곳은 부평이 되었다.

그렇게 무작정 부평동으로 갔다. 그리고 내 첫 번째 월세 부동산 건물로 갔다. 아무 생각 없이 그 일대를 그냥 천천히 둘러보았다.

새로운 건물들이 쑥쑥 올라가고 있었으며, 골목골목마다 전봇대엔 분양 현수막이 걸려있었고, 버스 승차장에는 신축 빌라 분양광고가 붙어있었다.

'공급이 많은가?'

광고가 많다는 것은 분명 물건이 많다는 뜻이고, 물건이 많다는 것은 그만큼 수요를 채우고도 남아서 일 것이라는 생각이 들었다.

어쨌든 나로서는 할 만한 물건을 찾아봐야 했기 때문에 광고 중인 현수막, 전단지는 모조리 사직을 찍고 전화를 걸었다.

〈그림 4. 흔하게 볼 수 있는 거리의 부동산 광고〉

혼자 다니지 마라.

처음엔 첫 번째 월세 부동산 주변에 신축 건물 분양사무실에 무조건 들어갔다. 난 투자가 목적이었기 때문에 부동산 담보대출금액이 중요했다.

분양가에서 월세 보증금 및 담보대출금을 뺀 가격이 결국 내 실 투자금이기 때문이었다(취득세 및 기타비용제외). 몇 군데 혼자 돌다보니 내가 투자하는데 필요한 금액은 대략 4,000만 원이었다.

답이 없었다. 보증금 2,000만 원을 받더라도 추가로 내 자금이 2,000만 원 정도 필요했기 때문이다. 그렇게 고민을 하다가 핸드폰으로 찍어둔 사진을 보고 전화를 돌렸다.

보통 현수막이나 전봇대에 있는 족자에는 실 입주금이 보통 500만 원부터 시작한다. 그래서 전화해 본 것이다. 실투자금으로 500~1,000만 원 정도 사용할 수 있는 곳. 담보대출로만 이 조건이 나오는 곳을 찾고 있다고 말했다.

6~7군데 전화했다. 부평에는 이런 물건이 대부분 없다고 했다. 그러나 한 군데에서 가능한 물건을 알려주었다. 그것도 내 첫 번째 월세 부동산을 만든 부평동 근처라는 것이다.

투자금은 3,000만 원. 보증금 2,000만 원을 받으면 실 투자금이 1,000만 원만 들어가는 곳이었다. 그때가 오후 6시 30분. 한겨울 2월의 오후 6시 30분은 어둡고 찬바람이 가득 불던 때였다.

내가 집을 보고 싶다고 하니 바로 달려왔다. 그런데 그 부동산과 도착한 곳은 내가 혼자 다닐 때 4,000만 원이 필요하다던 현장이었다.

참 기가 막히지 않나? 처음에 내가 들어갔을 땐 나 혼자였고, 날도 춥고 그냥 대충 껴입고 들어간 거라 내가 밑 보였나? 말 그대로 호객이었나 보다.

그 부동산 신축 물건을 보고 나서 기분이 좋았다. 그런데 계약하기 전 처음 월세 부동산을 만들 때 도와주었던 부동산에 전화를 걸어서 상황 설명을 했다.

그 부동산에서 들은 말은 지금 그 건물에서 그 호수 말고 더 높은 층이 가격 내려서 나온 게 있으니 그 물건을 하라는 것. 어찌 보면 당연한 거였다.

보다 높은 층을 선호하는 건 당연한 것 아닌가? 그래서 난 그 다음날 전에 함께 했던 그 부동산과 함께 다시 방문해서 처음 본 집과 더 높은 층, 두 집을 계약한다.

일단 저질러봐라.

난 직장인이 아니었고 그때 당시 대출에 줄어든다는 소식이 여러 매체에서 돌고 있었기 때문에 뭔가 확인할 수 있는 게 필요했다. 신축만 한 것이 없었다.

만약에, 정말 만약에 내가 경매에 입찰했는데, 약 11,000만 원 물건에 경매로 입찰해서 낙찰이 되었다고 가정해보자. 11,500만 원에 낙찰되었다고 가정을 하는 것이다.

나는 1,100만 원을 입찰보증금으로 이미 지불한 것이다. 100만 원이 남는 상황. 난 직장인이 아니기 때문에 소득증빙 자료가 없었다.

은행에서 담보대출을 해줄지 의문이었다. 신용카드도 월 30만 원 정도 사용하므로 대체 소득 증빙을 하기엔 너무 액수도 적었다.

만약 이런 식으로 경매 입찰해서 낙찰까지 받았는데 대출이 안 나와서 낙찰받은 물건 잔금 납부가 안된다면? 내 돈 입찰보증금은 그냥 없어지게 되는 것이었다.

전 재산에 가까운 돈이 그냥 사라지는 것이다. 그래서 경매를 할 수 없었다. 하지만 신축 오피스텔은 계약 당시 특약으로(사실 대부분 매매 계약서에 특약으로 포함하는 항목이기는 하다.)

'대출이 나오지 않아 잔금 납부가 불가할 시 본 계약은 무효 처리되며 지불한 계약금은 환급된다.'

라는 항목을 추가하면 은행에서 대출이 안 나오더라도 계약금은 돌려받을 수 있기 때문에 나로서는 상당히 매력적인 투자 상품이었다.

특히나 그런 조건으로 가능한 신축 오피스텔이 내게 친근한 부평구 부평동에 있었다. 이렇게 좋은 조건에 하지 않을 이유가 없었던 것이다.

부동산 투자는 항상 지금이 답이다

앞에서도 잠깐 언급한 적이 있었다. '지금이 최선이다'라고 말이다. 전날 예전에 알던 부동산으로부터 더 높은 층이 있다는 소식을 들었고 현재 보유한 1,200만 원으로는 두건을 계약이 가능한 상황.

같은 두건이라면 난 당연히 보다 안전한 신축 오피스텔을 해야겠다고 생각했다. 대출도 잘 나오는 상황이어서 월세 임대 세팅을 마치면 실 투자금이 그리 많이 들지도 않았다.

물건도 10층과 13층. 대출이 나올지 안 나올지 불안했기 때문에 10층은 아버지 명의로, 13층은 내 명의로 두건의 계약을 진행한다.

지금 생각해도 이때 비록 두 번째 건이지만 이걸 시도한 건 잘 한 거라고 생각한다. 확실히 무직자는 대출이 안 된다 것을 확인했다.

확실히 대출금이 줄어든 것도 몸으로 확인했던 건이었다.

물론 내 얘기다. 무직자여도 조건에 따라 대출은 가능하다. 무조건 안 된다 것은 아니다.

계약을 하고 자서(자필서명)를 하기 전에 신용조회를 한다. 계약자가 담보대출을 받아도 대출이자를 납부하는데 신용에 문제가 없는지를 확인해 보기 위함이다.

부동산이라는 담보를 거는 것이지만 결국 이자를 내지 못하면 은행은 손실을 입기 때문이다. 이때 다행히 아버지는 직장인이셔서 자서가 가능했다. 난 어떻게 됐을까?

첫 번째 물건을 농협에서 대출받았고 두 번째 물건 역시 농협에서 진행했기 때문에 신용조회 없이 바로 자서를 진행하기로 했다. 첫 번째 물건을 할 당시에는 직장인이었으니까.

문제가 생겼다. 3월 13일 대출 규제가 생기면서 대출금이 줄었다는 것이다. 아버지라도 먼저 자서를 했으면 변경되기 이전 조건으로 담보대출이 나왔을 것이었다.

나 때문에 아버지 명의의 물건까지 대출이 줄어든 것이다. 순식간에 실투자금이 1,000만 원이 더 들어가는 상황이 만들어진 것이다.

난 두말없이 내 명의 물건을 포기했다. 그리고 내 물건에 계약했던 계약금을 아버지 명의 물건으로 돌려서 필요한 자금을 충당했다.

잔금유예 특약

이때 오피스텔 물건 계약 시 난 이미 첫 건에서 돈을 최대한 끌어서 막아본 경험을 했기 때문에 잔금을 치를 만 한 돈이 없었고 다른 방법을 찾아야 했다.

담당 부동산에게 사정사정하여 두 번째 물건을 계약하면서 잔금은 월세 세입자 맞추면서 보증금을 받아서 잔금을 치르는 조건으로 했다. 이 조건은 계약자에게 어마어마한 혜택을 준다.

첫 번째, 계약금 외에 추가 비용이 들지 않는다. 하지만 이 조건은 계약 당시 내 실투자금이 얼마나 드는지 분명히 인지하고 있어야 한다.

두 번째, 대출이자를 늦게 낸다. 월세 세입자를 맞추면서 잔금을 치르기 때문에 그 잔금 치르는 날 은행 대출을 실행하게 된다.

당연히 그날부터 한 달 이자를 내게 되므로 부동산 계약 후 바로 잔금 치르고 담보대출 실행하는 것보다 대출이자를 납부하는 시기가 뒤로 가게 된다.

세 번째, 심리적인 불안감을 줄여준다. 이것은 두 번째 혜택과 연결되는 것으로, 대출이자를 천천히 납부하게 되기 때문에 부동산 계약자는 상대적으로 대출이자 납부에 대한 심리적 압박으로부터 자유로워진다.

월세 세팅은 정해진 게 없다

난 최대한 내 돈을 안 쓰려고 부평동에 월세 시세 표준인 2,000/70(보증금 2,000만 원/월세 70만 원)보다 높게 불렀다. 3,000/60으로 월세 광고를 냈다.

이렇게 되면 월 대출이자를 제하고 얻는 순 수익금은 낮아지지만 실 투자금은 줄어드는 이점이 있다. 난 현재 보유자금이 적었고 월급을 받는 사람이 아니었기 때문에 최대한 실 투자금을 줄여야 했다.

시간이 지나가고 점점 다른 물건을 찾아보는 걸 쉬엄쉬엄 할 때쯤 세입자가 생겼다고 부동산에서 연락이 왔다. 조건은 2,000/70 이었다.

내가 원한 조건은 3,000/60. 자세히 들어보니 2,000/70에서 3개월 후 2,500/65로 증액하는 조건이었다. 어쨌든 증액해준다니 다행이었다. 그 조건으로 세입자를 받았다.

계약서를 쓰는 날까지 정해진 건 없다.

재미있는 경험을 했다. 보통 지방에 거주하시는 분들은 내가 살고 있는 지역 외 지역을 투자할 때 그 지역 부동산과 친분을 다진 후 관련 업무를 위임하는 게 일반적이다.

나는 이때까지만 해도 물건도 두 개째였고 뭔가 내가 직접 하는 게 중요하다고 생각했기 때문에 월세 세입자도 직접 만나서 얼굴 보고 계약서를 쓰고자 했다.

두 번째 물건의 임차인을 만나던 날이다. 부동산으로부터 2,000/70, 3개월 후 보증금 증액으로만 들었다. 그리고 계약서를 쓰기 위해 중개 부동산으로 갔다.

담당 부동산과 중개 부동산은 다르다는 것도 알아두자. 실제로 임차인을 만나 계약서 쓰기 전 얘기를 들어보니 임차인은 1년만 계약을 하기로 했고 증액은 6개월로 얘기했다고 한다.

서로 말이 다른 것이다. 일반적으로 전월세 계약은 2년이다. 그런데 임차인은 1년을 원했고 보증금 증액도 내가 들었던 것과는 다른 6개월이었다.

이게 무슨 일인가? 임차인을 소개한 부동산이 계약서를 쓰기 위해 장소를 제공하는 부동산과 내 담당 부동산에게 얘기를 잘못 전달한 것이다. 계약서를 쓰기 위해 장소를 제공하는 부동산에 얘기하면서 일부 내용이 잘못 전달된 것이다.

어찌하겠는가? 집주인과 임차인이 모두 모인 자리에서 계약서만 쓰면 되는데 약정하기 위한 내용이 서로 다르게 알고 있다고 파기할 수도 없는 일이었다. 그 자리에서 나와 임차인은 서로 합의를 보고 계약서를 작성했다.

이런 경우가 발생할 여지는 충분히 있다. 다만 난 처음 겪어보는 상황이었을 뿐이다. 이런 경우 임차인(세입자)과 임대인(집주인) 모두 서로 양보하고 합의하는 게 최고다.

서로 일일이 이익을 가려가며 싸우다 계약서 쓰는 상황이 무효가 되면 모두에게 손해이기 때문이다. 다행히 기간에 대한 문제였기 때문에 적정선에서 합의를 보고 계약서를 작성할 수 있었다.

두 번째 월세 부동산을 만들면서 느낀 점을 정리해 본다.

ㄱ. 지금 내가 할 수 있는 물건을 빨리 찾자.
ㄴ. 찾았다면 과감하게 실행한다.
ㄷ. 문제는 언제고 발생할 수 있다. 유연하게 대처하자.
ㄹ. 나의 이익, 상대방의 이익 모두를 생각하자.
ㅁ. 투자는 혼자 하는 게 아니다.

〈표 4. 두 번째 월세 부동산(투자내역)〉

매입가(1)	17,600만원	보증금(4)	2,500만원
매입 경비(2)	310만원	월세	65만원
총 매입액 (1)+(2)	17,910만원	월 이자	41만원
대출금	14,400만원	월 순익	24만원
투자금(3)	3,510만원	연 순수익	288만원
실투자금 (3)-(4)	1,010만원	연 수익률	8.2%

전권영의 〈직장인, 월세 받는 빌라 한 채 가지기〉

플피(플러스피)를 알아?!

그렇다. 세 번째 월세 부동산은 플피(플러스피)건이다. 생에 첫 플피는 세 번째 월세 부동산에서 만들어졌다. 사실 처음 세 번째 월세 부동산을 만날 땐 플피로 알고 있었다.

그런데 플피라는 걸 알고 마음껏 좋아할 때쯤 어떤 문제를 발견했다. 그 문제가 확인된 순간 그건 플피가 아니라 무피란 걸 깨달았다. 그런데 이것 하나만은 짚고 넘어가자.

무피나 플피는 모두 쉽게 이루어지는 게 아니다. 수많은 시간 부동산 시장에 발 담그고 있으면서 많은 부동산 관계자들과 접촉하고 수많은 곳을 답사한 그때야 만날 수 있다는 걸 말이다. 세상에 쉬운 건 없다.

세 번째 월세 부동산, 역시 신축이었다.

앞서 설명했지만 난 이미 회사를 나와 있는 무직자 신분이었다. 내 명의로는 재직증명과 원천 소득 영수증으로 소득증빙이 되지 않는다는 걸 알고 있었다.

신축 오피스텔을 계약해도 대출이 나오지 않을 거란 걸 잘 알고 있었다. 그래도 어떻게 하겠는가? 부동산 투자는 계속하고 싶었다. 월세는 계속 늘려가고 싶었.

천만 원이 넘는 대부분 경매물건의 입찰보증금을 감당하기엔 보유한 자금이 넉넉지 않았으니 난 어떻게든 신축을 알아볼 수밖에 없었다.

신축 오피스텔을 알아보고 있던 어느 날이었다. 언제인지 자세히 기억나지는 않지만 아마 3월이었던 것 같다. 난 누군가에 의해 모바일 메신저 단톡방에 초대받았다.

내가 속한 카페 회원이 나를 초대한 것이다. 그곳엔 이미 우리 카페 회원들이 많이 있어 적응하는데 그리 오랜 시간이 걸리지 않았다.

그 단톡방 방장은 부동산 중개인이었다. 그렇다. 본인이 관리하는 투자자들을 단톡방에 초대해 신축 오피스텔 물건을 소개하는 그런 단톡방이었다.

일주일에 몇 번 새로운 신축 오피스텔 물건들이 소개되었고 몇몇은 개인적으로 문의해 신축 오피스텔 물건을 보러 가는 듯했다.

단톡방에 공지가 올라왔다. 인천 주안동에 신축 오피스텔인데 플피라고 한다. 두 건의 신축 오피스텔을 이미 월세 부동산으로 만든 이력이 있었던 난 숫자만 보고도 짐작할 수 있었다.

'이건 된다.'

하지만 조금 염려스러웠던 부분은 소재지가 '주안'이라는 점, 주안역 인근이라는 점이었다. 인천에서는 아는 곳이 부평뿐이었다.

그나마 좋은 지역이라고 생각하는 곳이 인천 부평구 부평동, 서구 검암, 경서동 뿐이었던 그땐 주안에 대해 믿음이 확실하진 않았다.

하지만 지인 여러 명이 이미 주안역 인근에 신축 오피스텔로 월세 부동산을 만들어 놓았기 때문에 이번에도 역시나 별

일 있겠냐는 생각이었다. 다시 한 번 말하지만 절대 이렇게 쉽게 생각해서는 안 된다.

주안(주안역 인근을 주안이라고 하겠다)은 나는 잘 몰랐지만 인천에서는 마치 서울의 건대입구역? 정도 되는 곳이었다.

주안역 지하상가는 꽤나 컸고, 주안역 일대엔 번화가였으며 인하대학교로 통학하는 대학생들로 항상 붐비는 곳이었다.

나중에 차츰 지역에 대해 돌아다니며 알게 된 것이지만 주안동도 큰 동네였고 내가 처음 가본 주안은 주안동 북부지역으로 주안동 중심부와 남부지역은 주안동 북부지역인 주안역 근처와는 사뭇 다른 분위기였다.

〈그림 5. 주안역〉

〈그림 6. 주안역 인근〉

나는 좋은 일을 한 것이길 바랐다.

세 번째 월세 부동산을 보러 가던 때 난 지인 두 명을 함께 데리고 갔다. 내가 알고 있던 얕은 지식으로는 분명 주안에 있는 신축 오피스텔은 플피이거나 적어도 무피였다. 조금 실투가 들어가더라도 500만 원 미만이었기 때문이다.

지인들과 만나 담당 부동산과 함께 주안으로 향했다. 주안역 인근이었지만 이면 도로쪽 주택가였기 때문에 시끄럽지 않은 곳이었다.

집도 상당히 깔끔했다. 분양사무실에서 설명을 듣고 난 당연히 플피가 나오는 곳을 선택했다. 그리고 해당 호실을 둘러보았다.

'아............... 어쩔 수 없나?'

내가 선택한 곳은 6층이었지만 옆 건물과 붙어있는 곳으로 채광이 거의 없다시피 한 거실과 방이 옆 건물로 완전히 막힌 곳이었다.

지금까지 만든 첫 번째, 두 번째 월세 부동산 들은 모두 고층에 조망과 채광이 좋은 곳이었기 때문에 살짝 걱정이 되는 것은 사실이었다. 그러나 금세 생각이 바뀌었다.

플피에 층도 나쁘지 않고, 분명히 이 집을 원하는 사람이 있을 거란 생각에 바로 계약했다. 너무 긍정적이었다. 그리고 계약서를 작성하면서 한가지 의심 가는 부분이 있었지만 그냥 넘어갔다.

'취득세는 전액 매수인이 부담한다.'

이게 얼마나 무서운 말인지 절절히 깨닫게 될 거라는 건 그땐 당연히 몰랐다. 그렇게 내 지인과 난 계약을 마치고 부평으로 향했다. 오후에 만나기로 한 또 한 명의 지인을 만나기 위해서다.

담당 부동산은 부평에 실투 약 500 정도 들어가는 물건이 있다고 해서 오후에 만날 지인에게 그 물건을 소개해주기 위해서였다. 부평에 꽤 좋은 위치에 있는 신축 오피스텔이었다.

지인도 꽤 마음에 들어 하는 눈치였다. 지인 역시 집을 마음에 들어 했고 큰 이변 없이 계약서를 작성했다. 그리고 훈훈하게 저녁식사를 하고 집으로 귀가했다.

손실은 나 하나만으로 충분하다.

집으로 돌아와 지인들과 그날의 계약 건을 얘기하던 중 지인이 면적에 대해 궁금해했다. 신축 오피스텔은 신축, 즉 처음, 최초 매수하는 사람에게 취득세 감면(할인) 혜택을 준다.

주택임대 사업자에게 해당하는 혜택이며 전용면적이 60m2 이하일 경우에 한한다. 그런데 이번에 계약한 신축 오피스텔은 면적이 60m2이 넘는 것.

따라서 취득세 감면 혜택이 없을지도 모르며 신축 오피스텔 취득세 4.6%를 모두 납부 해야하는 게 아니냐는 것이다. 나는 당연히 아닐 거라고 생각했다.

그날의 계약 건을 진행할 당시 담당 부동산도 이에 대한 언급은 전혀 하지 않았고, 심지어 분양사무실에서조차 이 이야기는 하지 않았다.

'아차.'

이제야 다시 한 번 생각이 났다.

'취득세는 전액 매수인이 부담한다.'

이게 왜 계약서에 적혀 있었을까? 왜 여기에 대해서는 분양사 무실이나 담당 부동산이 전혀 언급이 없었을까? 말하지 않아도 어쩔 수 없이 매수인이 부담해야 하기 때문이다. 조금 나쁘게 말하자면,

'계약서에 쓰여 있는 것 아니냐?'
'다 읽어보고 서명한 거 아니냐?'

라며 나 몰라라 할 수 있는 부분인 것이다. 하지만 어쩌겠는가? 계약서는 내가 쓴 것이고 제대로 확인하지 않은 내 잘못이었다.

지인들과 늦은 밤까지 여기저기 수소문해가며 얻은 결론은 전용면적이 60m2이 넘는 신축 오피스텔은 취득세 감면 혜택을 받지 못하며 4.6% 취득세 전액을 납부한다는 것이다.

'오 마이 갓.'

너무너무 미안했다. 나는 그래도 플피건 이었던 게 이것저것 따져보니 무피 건으로 되어 실 투자금이 그래도 들어가지

않았지만 지인들의 경우에는 실투자금이 적게는 500만 원 많게는 1,000만 원이 드는 상황이 되어버렸다.

보통 투자는 실투자금 1,000~2,000만 원 정도가 들어간다. 하지만 이번 건은 플피 건으로 알고 있었기 때문에 지인들에도 추천했던 것이었다.

상황이 이렇게 되자 지인들에게 할 말이 없었다. 잘 알아보지도 않고 지인들에게 좋은 거라고 무피 건이라고, 입지 좋다고 소개했던 내가 너무나 한심하고 괴로웠다.

지인들은 괜찮다고 그나마 실투자금이 부담되는 수준은 아니라고 나를 위로해 줬지만 나로서는 그들을 볼 면목이 없었다. 그래도 지금까지 나와 지속적으로 친분을 맺고 투자활동을 함께 해주는 그분들이 정말 고마울 따름이다.

기다려라. 기다리는 자에게는 무엇이든 온다

난 잔금을 치를 현금이 별로 없었다. 세 번째 물건을 계약하면서 보유한 현금이 거의 없었기 때문에 잔금 일자를 여유 있게 잡아달라고 분양사무실에 부탁했다. 정말 고맙게도 분양사무실은 약 50일의 여유를 주었다.

이것은 잔금유예 특약과 비슷하긴 하지만 계약서에 월세

세팅이 될 때 잔금 회수와 대출실행을 한다는 내용을 명시하는 건 아니므로 잔금유예 특약은 아니고 단지 계약자의 편의를 봐준 것이다.

잔금유예 특약은 계약자에겐 좋은 일이지만 반대로 분양사무실 측에서는 상당히 골치 아픈 문제다. 계약된 물건에 세입자가 들어와야 대출을 실행시키고 세입자의 보증금으로 나머지 잔금이 충당되기 때문이다.

따라서 월세 세입자가 들어오는 임대 세팅이 늦어지면 늦어질수록 분양사무실과 건축주는 해당 물건에 대한 분양대금 회수가 늦어지게 된다.

이런 이유로 잔금유예 특약을 해주는 분양사무실은 거의 없다. 보통은 잔금 납부기간을 계약일로부터 30일 이내로 잡는다.

아무튼 50일이나 기간이 있으니 어떻게든 될 것 같았다. 담당 부동산도 50일인데 그 안에 세입자 못 맞추겠냐며 호언장담을 했다.

난 믿는 것, 그리고 긍정적으로 생각하는 것 이외엔 달리 방법이 없었다. 그렇게 어느새 30일이 지나갔다. 한 달이 넘게 지나갈 때쯤 난 서서히 목이 타기 시작했다.

'왜?'

그 생각뿐이었다. 왜 안 맞춰질까? 부동산도 사람인지라 너무 닦달할 수만은 없었다. 이삼일 간격으로 부동산과 전화 통화, 문자를 했고 약속한 50일이 다가오고 있었다.

약속된 시간이 다 되어가도 임대 세팅이 안되자 분양사무실에서 연락이 왔다. 월세 조건을 조금 낮추자는 것이다. 그 대신 최초 계약했던 분양가를 낮춰주겠다는 것.

이미 그곳에 월세 세팅이 보증금을 낮게 잡아 진행하고 있기 때문에 내가 제시한 월세 조건으로는 임대 세팅이 안 될 것이라는 것이었다. 많은 고민이 되었다.

이것은 정말 중요한 문제다. 월세 부동산을 만들고자 하는 사람은 월세 보증금에 대해 신경 쓰겠지만 세입자를 맞추기 위해 부동산이 제시하는 조건을 그냥 받아들여서는 안 된다.

반드시, 반드시 꼭 짚고 넘어가야 한다. 사람들은 누구나 조금이라도 저렴한 것을 찾는다. 이건 명품이 아니고 고객이 부자들도 아니기 때문에 비쌀수록 더 가치 있어 보이고 선호하는 그런 것과는 다르다.

일반인들은 같은 물건이면 보다 저렴한 것을 찾기 때문에 비슷한 집이면 가능한 월세 보증금이나 월세가 저렴한 곳을 찾는 게 당연하다.

하지만 그렇기 때문에 빨리 임대 세팅하려고, 또는 기다리다 못해 관심을 보이는 사람 잡으려고 월세 보증금이나 월세를 내려버리면? 그 한 건의 거래 결과 때문에 그 인근의 전체 시세가 내려가게 된다.

그런 일들이 비일비재해지면 그 동네는 그냥 싼 동네가 되어버린다. 월세로 살게 되는 사람이나 집주인이나 그저 그런 싼 동네에서 거래하게 되는 그런 모습이 되어가는 것이다.

그 누구도 싼 동네에서 살고 싶어 하지 않는다. 그 어느 집주인도 내가 가지고 있는 집의 동네가 싼 동네가 되길 바라지 않는다. 그렇기 때문에 월세 보증금과 월세는 함부로 내릴 수가 없다. 내려서도 안 된다.

그렇지만 난 알겠다고 했다. 최초 계약했던 분양가를 내려주겠다고 분양사무실에서 약속했기 때문이다. 내려간 월세 조건으로 임차인이 들어온다고 하더라도 내가 계약 안 하겠다고 하면 그만 아닌가?

난 얼른 분양사무실로 가서 내려간 분양가로 계약서를 다시 썼다. 그리고 바로 그날 오후 담당 부동산으로부터 전화가 왔다.

"사장님!! 원하시는 조건으로 세입자가 들어오겠다고 합니다.!"
'그래!!... 됐어!!!...... 이거야.....!!!!'

역시 기다린 보람이 있어서일까? 난 기존에 내가 원하던 월세 조건으로 임차인을 들일 수 있었고 그 결과 무피 건이 플피 건이 되었다. 무피건이 분양가가 내려갔으니 당연한 결과다.

담당 부동산이 너무 고마웠다. 나 때문에 마음고생 많았을 텐데 그래도 내가 원하는 조건대로 세입자를 맞춰주어서 너무나 고마웠다.

당신의 꿈, 목표, 목적은 무엇인가?

세 번째 월세 부동산을 만들면서 생전 처음 말로만 듣던 플피를 만들게 되었고 뜻하지 않게 현금이 생겼다. 당연히 기뻤다. 하지만 마냥 기뻐할 수만은 없었다.

경매를 진행하기엔 부족한 상황이었기 때문이다. 그리고 무직자인 상황. 어떻게든 다시 회사로 들어가야 했다. 은행이 원하는, 대출이 가능한 사람이 되어야 했다.

재직증명이 가능하며 원천 소득 영수증을 받을 수 있어야 하고, 4대 보험에 가입된 그런 회사. 그런 회사에 취업해야 했다. 이쯤 되니 다시 나를 돌아볼 수밖에 없었다.

34살. 명문대를 졸업했으나 취업을 하지 않고 대학원을 진학했다. 여러 우여곡절 끝에 대학원을 마쳤다. 그 가운데 돈을 벌어보겠다고 수입 자동차 딜러도 해보고, 연기자가 되어보겠다고 연기학원도 다녀보았다.

결국 내가 좋아하는 일은 연구라고 생각해 중소기업 연구개발팀으로 들어가 일했다. 그러다 회사가 망하는 것도 눈으로 보았고, 다시 입사한 회사도 재정상태가 어려워 퇴사해야 했다.

그 과정에서 월세 부동산이라는 부동산 투자 상품에 투자를 시작하게 된 것이다. 그렇게 난 나에 대해 돌아보는 시간을 가졌고 노트를 펼쳐 하나하나 작성해 나갔다. 주요 내용은 이랬다.

ㄱ. 내가 좋아하는 것은 무엇인가?
ㄴ. 내가 잘하는 것은 무엇인가?
ㄷ. 내가 즐기면서 할 수 있는 것은 무엇인가?
ㄹ. 지금 당장 할 수 있는 일은 무엇인가?
ㅁ. 하고 싶지만 나중에 해도 되는 일은 무엇인가?
ㅂ. 내가 칭찬을 받던 때는 언제인가?

ㅅ. 나는 무엇을 할 때 즐거움을 느꼈나?
ㅇ. 올해의 목표는 무엇인가?
ㅈ. 내년의 목표는 무엇인가?
ㅊ. 5년 후 목표는 무엇인가?
ㅋ. 10년 후 목표는 무엇인가?
ㅌ. 40세의 내 모습은?
ㅍ. 60세의 내 모습은?

이렇게 써 내려가다 보니 내가 무엇을 해야 할지가 분명해졌다. 난 이미 주택임대 사업자였고 앞으로도 임대 사업은 계속할 것이다.

월세 부동산은 지속적으로 만들어 나갈 것이며, 주택임대 사업을 넘어 상가, 꼬마빌딩, 대형 빌딩 등 일반임대 사업도 할 것이다.

나아가 월세 소득이 내가 원하는 수준이 된다면 그땐 비로소 내가 정말 하고 싶었던 내 꿈을 실현시켜줄 에너지 개발 사업을 할 것이다. 그렇게 하기 위해 오늘도 난 월세 소득을 늘려줄 월세 부동산을 만들기 위해 열심히 발로 뛴다.

〈표5. 세 번째 월세 부동산(투자내역)〉

매입가(1)	14,100만원	보증금(4)	2,000만원
매입경비(2)	821만원	월세	65만원
총매입액 (1)+(2)	14,921만원	월 이자	42만원
대출금	13,700만원	월 순익	23만원
투자금(3)	1,221만원	연 순수익	276만원
실투자금 (3)-(4)	-779만원	연 수익률	∞

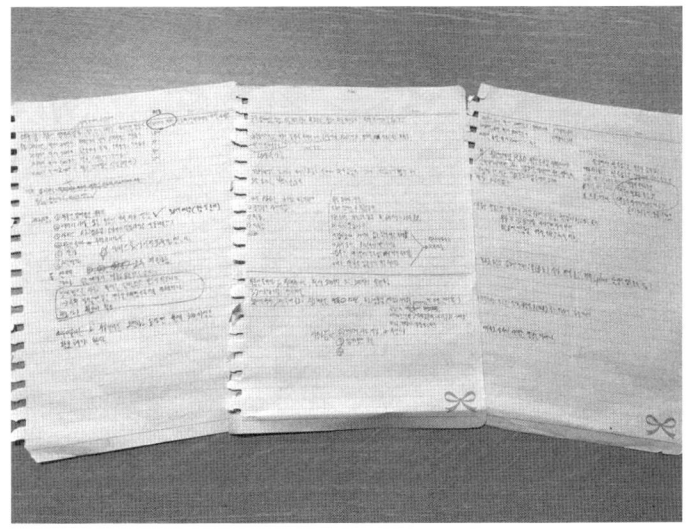

〈그림 7. 나의 목표 기록 노트〉

전권영의 〈직장인, 월세 받는 빌라 한 채 가지기〉
네 번째 투자, 4호도 신축. 고의는 아니야.

 세 번째 월세 부동산을 마무리할 무렵이었다. 난 여전히 무직자였고 열심히 구직활동을 하고 있었다. 그러면서 여전히 신축 오피스텔을 찾기 위해 돌아다녔고, 경매물건도 꾸준히 살펴보았다.

 신축 오피스텔만 3건을 했기 때문에 4번째 월세 부동산은 경매로 취득하고 싶었다. 아무리 무피, 플피라고는 하지만 경매는 확실히 부동산을 저렴하게 취득할 수 있는 방법에는 틀림없었기 때문이다.

 하지만 변수가 있었다. 여전히 난 무직자였기 때문에 대출에 대해 불확실성을 안고 있었고, 내 눈에 차는 물건은 감정가가 높았기 때문이다.

감정가가 높다는 것은 입찰보증금이 높다는 걸 의미했고 보통 입찰보증금은 천만 원이 넘었다. 여전히 내게 경매는 높은 벽이었다.

그렇게 경매물건도 살펴보고 신축 물건도 살펴볼 때쯤 반가운 사람에게 연락이 왔다. 자주 연락하던 부동산에서 신축 오피스텔 중 무피 물건이 있다는 것이다.

그것도 내가 좋아하고 사랑하다 못해 믿어 의심치 않는 곳. 바로 부평에 말이다. 부평엔 이미 수십 차례 현장답사를 갔었던 곳이다.

여러 번의 계약(중간에 해약한 건도 있었다.)으로 그 지역 시세도 알고 있었으며, 동네 분위기까지 파악이 끝난 곳이었다. 한마디로 부평은 우리 집 앞마당과도 같은 아주 익숙한 곳이었다. 무조건 달려갔다.

이번엔 정말 처음이다.

방문한 곳은 부평구 부평동, 그중에서도 입지가 좋기로 유명한 부평구청 인근이었다. 이곳은 부평구청을 걸어서 갈 수 있으며 지하철 7호선 부평구청 역, 인천 1호선 부평시장역 등 더블역세권이었다.

조금 크게 본다면 1호선 부평역까지 아우르는 트리플 역세권이었다. 교통 환경은 정말 최고인 곳이었다. 게다가 바로 옆은 부평 시장.

그럼에도 불구하고 신축 물건 인근은 전부 주택가라 조용해서 살기 좋은 곳이었다. 마음에 들었다. 담당 부동산과 신축 물건 내부를 둘러보고 현재 계약할 수 있는 잔여세대를 상층부부터 쭉 둘러보았다.

조망 좋은 남향 라인이 다수 있었다. 하지만 실투자금이 조금 드는 상황. 가장 아래층인 2층을 보았다. 플피란다. 그런데 2층 앞은 빌라로 막혀있었다.

지금까지 한 번도 시도하지 않았던 2층, 고층만 하다가 처음 도전하는 2층이었다. 사실 고민할게 별로 없었다. 지금 내가 할 수 있는 선택은 실투자금이 들어가지 않는 물건을 만드는 것뿐이었다. 더군다나 플피.

2층이었지만 한번 해보자는 생각이 들었다. 입지는 말할 것도 없이 내가 너무나 잘 아는, 내가 좋아하는 입지였고 단지 2층만 내가 선택하면 되는 것. 이렇게 된 이상 더 고민할 게 없었다. 고!

지금까지는 첫 번째 월세 부동산을 시작하면서 높은 층에 전망이 좋아야 했다. 정말 내가 살 집이라고 생각했던 것이다. 내가 살고 싶은 생각이 들어야 세입자도 들어올 거라는 생각이었다.

시간이 지나고 월세 부동산을 만들어 가면서 반드시 그래야 할 필요는 없다고 생각했다. 누군가는 분명히 들어와서 살 것이고 새집이고 깨끗한 집이니까.

이렇게 생각하니 2층도, 앞이 조금 막혀도 괜찮다는 생각이 든 것이다. 역시 사람은 변한다. 변할 수밖에 없다. 변해야 살아남는다.

〈그림 8. 부평구청 인근〉

〈그림 9. 부평구청 인근 주택가〉

지금부터는 기다림.

부동산은, 그것이 신축이든 매매이든 경매 건이든 자금에 대해서는 계약, 중도금, 잔금 이렇게 쉽게 세 가지로 단계가 구분된다.

신축과 매매는 계약할 때 계약금을 내고 이후 30여 일정도 기간 내 중도금과 잔금을 납부하게 된다. 경매의 경우 매각이 확정되면 30일 이내에 잔금을 납부하게 되어 있다.

하지만 신축은 계약 후 계약자의 상황에 따라 분양사무실에서 일부 배려를 해주어 세입자가 들어올 때까지 잔금일을 미뤄주기도 한다. 그래서 난 신축이 좋다.

이번 건은 아쉽게도 잔금유예조건은 할 수 없었다. 기간은 45일. 이 안에 세입자가 나타나야 했다. 지금까지 3건의 실계약을 진행하면서 겪어본 일이지만 세입자를 기다린다는 건 정말 힘들고 지치고 어려운 일이다.

난 2층을 계약했다. 단순히 플피라서 했을까? 2층도 괜찮을 것 같아서? 사실 2층임에도 계약을 했던 건 믿는 구석이 있었기 때문이다.

보통 요즘 지어지는 신축 건물은 1층은 필로티 구조로 주차장으로 만들어진다. 즉 예전 빌라들과는 달리 2층 아래에는 주차장과 현관 외엔 아무것도 없다는 뜻이다.

그렇다면 아이가 있는 가정은 2층을 선택할 확률이 높았다. 뛰어노는 아이들을 위해, 아이들은 놀면서 뛰면서 커야 한다는 믿음을 가지는 분들이 있을 거라는 기대가 있었다.

마음껏 뛰어도 아래층에서 민원이 들어올 일이 없는 2층이라면 세입자는 반드시 들어올 것이라고 믿었다. 그런데 그렇게 생각했던 내 예상은 보란 듯이 깨졌다.

한 달이 지날 무렵 그 와중에도 세입자들은 집을 보러 간간이 왔었지만 계약이 체결되진 않았다. 얼마 후 시간이 지나자 깨닫게 된 사실이 있다. 그땐 몰랐던 사실이다.

내 생각대로 2층이 층간 소음에 대한 민원이 발생하지 않을 거라는 걸 아는 사람도 2층을 꼭 선호하지는 않는다는 것이다. 반드시 2층이어야만 하는 것은 아니라는 것이었다.

그도 그럴 것이 민원이 들어오면 그때 잠깐인 것이다. 밖에서 뛰어놀라고 하면 되는 것. 하루 종일 아이들이 집에서 뛰어다닐 일이 없는 것이다. 내가 잘못된 선택을 한 걸까?

한 달이 지날 무렵 은행에서 대출실행을 했다. 잔금까지 치른 것이다. 이제 답은 정해졌다. 세입자가 구해질 때까지 은행 이자를 내야 한다.

얼마가 걸릴지는 모른다. 몇 달이 걸릴지도 모른다. 속이

타들어 갈 것 같지만 한번 겪은 일이 아니라서 오히려 덤덤했다.

어쩌겠는가? 내 맘같이 되는 일이면 벌써 끝났겠지만 그렇지 않다는 것은 이미 수차례 겪어봤기 때문에 익숙했다. 그리 놀랄 것 까진 없었지만 결국 세입자로 들어온 분들은 중년의 부부들이었다.

아이도 다 커서 이미 출가했단다. 계약 후 무려 3달이 지난 시점에서야 세입자가 맞춰졌다. 계약 후 3달. 잔금 치르고 이자가 두 번이 나갔다.

이번에도 느꼈고 신축뿐 아니라 다른 경매나 급매나 일반 매매 건이라도 나처럼 월세 부동산을 만드는 사람들이라면 반드시 짚고 넘어가야 할 부분이 바로 이 부분이다.

세상에 쉬운 건 없다.

책에서 보이는 건 단순한 숫자다. 그리고 지나간 과거의 경험들이다. 내가 직접 겪어보지 않으면 알 수 없는 그런 것들이다. 머리로 보고 지식을 접할 수는 있지만 마음으로 가슴으로 와닿는 건 아니란 말이다.

계약을 하고 나서 월세를 받는 꿈에 젖어 있다면 그건 반드시 고이 접어두길 바란다. 이미 자주 언급했던 말이지만 끝나기 전까지는 끝난 것이 아니다.

세입자는 누가 들어올지 모르고 어떤 조건을 내세울지 모르고, 얼마나 깎아달라고 할지도 모른다. 월세 부동산을 만들려는 사람들이라면 이 부분은 반드시 염두에 두 길 바란다.

월세 100만 원을 향해

지금까지 달려온 시점에서 한번 돌아보자. 난 여러 가지 방법들(경/공매, 급매, 일반 매매, 신축 분양)중에서 오직 신축만 했다. 이유야 뻔하다. 자금 때문이다.

분명히 난 월세 순수익 100만 원 이상을 만들 것이고 그보다 더 많은 월세 순수익을 실현할 것이지만 일단 월세 100만 원은 만들어야 한다. 100만 원이 기준인 것이다.

100만 원부터 만들어 놔야 200만 원을 볼 수 있고 그 후 500, 1,000이 있는 것이다. 그래서 지금까지 달려왔고 신축이라는 카드를 들고 여기까지 왔다.

나에겐 신축이 맞았고, 또 편했다. 어쩌면 이건 내게 독이 될 수도 있다는 걸 알고는 있었지만 신축을 알아가면서 또 다른 세상을 볼 수 있었고 더 많은 걸 알 수 있었다.

단순히 쉽고 편해서 신축을 시작했지만 신축을 하면서 정말 많은 걸 알 수 있었다. 아마 절대적인 매매가에 집착해서 경매만을 고집했다면 아마 월세 부동산 한두 개 만들고 자금 문제로 다음을 보지 못했을 것이다.

분명한 건 앞으로도 난 꾸준히 월세 부동산을 만들 것이고 그 방법이 신축이 될 확률이 크다. 너무나 자연스러워졌기 때문이다.

하지만 경매가 부동산을 저렴하게 취득하는 방법임을 부정하지는 않는다. 나는 내 위치에서 내가 할 수 있는 최선의 방법을 선택할 뿐이다.

〈표 6. 네 번째 월세 부동산(투자내역)〉

매입가(1)	16,300만원	보증금(4)	3,000만원
매입경비(2)	255만원	월세	57만원
총 매입액 (1)+(2)	16,555만원	월 이자	40만원
대출금	13,600만원	월 순익	17만원
투자금(3)	2,955만원	연 순수익	204만원
실투자금 (3)-(4)	-45만원	연 수익률	∞

전권영의 〈직장인, 월세 받는 빌라 한 채 가지기〉
다섯 번째 투자, 이제부터 진짜 시작이다.

　나의 다섯 번째 월세 부동산도 역시 신축이다. 이미 예상 했다고? 그렇다고 내가 신축만 할 건 아니니 너무 뭐라고 하지 말자. 난 단지 신축이 내게 맞았을 뿐이다.

　지금까지 4개의 월세 부동산을 만들면서 총 월세 순수익을 약 90만 원 정도를 만들었다. 사실 이것은 보증금과 월세를 조절하면 실투자금을 조금 더 들이더라도 월세 100만 원은 맞출 수 있는 것이었다.

　하지만 너무나도 잘 알다시피 투자금이 부족한 게 현실 아니겠는가? 투자금을 최대한 줄이려면 지금까지 한 것만으로도 잘 했다는 생각이 든다.

이번 다섯 번째 월세 부동산을 만들면서 본격적으로 나의 월세 100만 원 받는 삶이 시작되었다. 월세 100만 원. 오로지 순수익만으로 100만 원이다. 드디어!

다섯 번째 역시 부평이다. 부동산을 취득한다는 것은 어떻게 보면 간단한 일이다. 계약서 쓰고 중도금, 잔금 치르고 등기이전하면 끝나는 아주 간단한 과정만 거치면 되기 때문이다.

하지만 자세히 들여다보면 그렇지 않다는 것을 잘 알 수 있다. 바로 환금성 때문이다. 투자가 목적이든 실거주가 목적이든 우리는 우리가 매입한 부동산이 시간이 지남에 따라 가격이 오르길 바란다.

일 때문에 집을 이사 가더라도 마찬가지다. 가치가 오르길 바라는 것은 남녀노소 누구나 바라는 일이다. 이것은 아주 자연스러운 일이다. 그런 면에서 부평은 탁월한 선택이다. 부평(부평구) 그중에서 부평동. 말이 필요 없는 곳이다.

우리나라 국민들은 강남을 안다. 들어보지 않은 사람이 없을 정도로 강남은 유명하다. 왜 그럴까? 서울시민 대다수가 모이는 곳이다.

노는 곳, 일하는 곳, 거주하는 곳 등등 강남엔 모든 게 모여 있다. 모든 게 모여 있으며 모든 사람들이 모여들고 교통 또한 모여든다. 가장 중요한 건 강남은 불패다.

'강남불패'라는 말을 한 번쯤은 들어봤을 것이다. 그만큼 부동산으로는 최고의 입지라는 말이다. 강남이 좋다는 것에는 아마 더 많은 셀 수 없는 이유가 있겠지만 이 정도만 하자.

서울엔 강남, 인천엔 부평

부평은 인천에서 서울의 강남과도 같은 곳이다. 그럼 말 다 한 거 아닐까? 심지어 부평을 인천이 아닌 서울이나 서울권으로 알고 있는 사람들도 있다.

인천에 속한 지역이라는 것을 모르는 사람들도 많다. 사실 나도 부평이 인천인지 몰랐다. 부끄럽지만 부천, 부평을 구분하게 된 것은 그리 오래전 일이 아니다.

인천엔 살기 좋은 동네가 많이 있지만 교통, 쇼핑, 주거환경, 일자리 등 여러모로 봤을 때 부평은 정말 부동산 입지적인 측면에서 봤을 때 최고인 곳임엔 틀림없다고 믿는다.

사람들의 믿음이 중요한 이유는 무엇일까? 사람들이 원하는 곳이라는 건 결국 어떤 의미일까? 다섯 번째 월세 부동산에 와서야 부평에만 4개의 월세 부동산을 만든 이유를 조금 더 잘 이해할 수 있었다. 나 스스로 말이다.

좋은 곳은 계속 좋아진다

예전에 가입했었던 부동산 카페에서 카페장이 이런 말을 했었다. 나는 이 말을 지금도, 앞으로도 굳건히 믿는다. 왜냐하면 이건 팩트이기 때문이다.

'좋은 곳은 계속 좋아진다.'

이 한 문장에 모든 게 담겨 있다고 해도 과언이 아니라 생각한다. 그렇다. 좋은 곳은 앞으로도 계속 좋아진다. 정말 특별한 이변이 있지 않는 이상 좋은 곳은 계속 좋아진다.

앞서 말했지만 부평은 인천에서 손에 꼽히는, 알 만한 사람들뿐 아니라 인천 거주자 누구에게 물어봐도 다 아는 곳이다.

뛰어나고 편리한 교통 환경(트리플 역세권이다.) 거대한 상권, 다양한 생활 편의시설, 꾸준한 일자리 등 뭐 하나 빠지는 게 없다는 얘기다.

사람들이 부동산을 취득할 때 공통적으로 생각하는 걱정거리가 무엇인지 아는가? 가격의 하락이다.

'집 샀는데 집값 떨어지면 어떻게 해요?'

누구나 이런 걱정을 한다. 하지만 내가 앞서 언급한 내용을 한 번만 생각해 보면 답은 정해져 있다. 지금도 좋은 곳은 앞으로는 더, 계속 좋아질 것이다.

그러면 그런 곳에 집을 구하면 되는 것 아닐까? 물론 강남은 쉽게 들어갈 수는 없다. 하지만 부평은 보다 수월하게 들어갈 수 있다.

내가 생각하기에 부평은 정말 좋은 곳이기 때문에 가격 하락 걱정은 전혀 하지 않는다. 물론 지역분석을 단 1도 하지 않았던 건 아니다.

부평구에서 나의 월세 부동산은 오로지 1호선(부평역), 인천 1호선(부평시장역), 7호선(굴포천역, 부평구청 역)을 만날 수 있는 부평동에만 만들어 놨다.

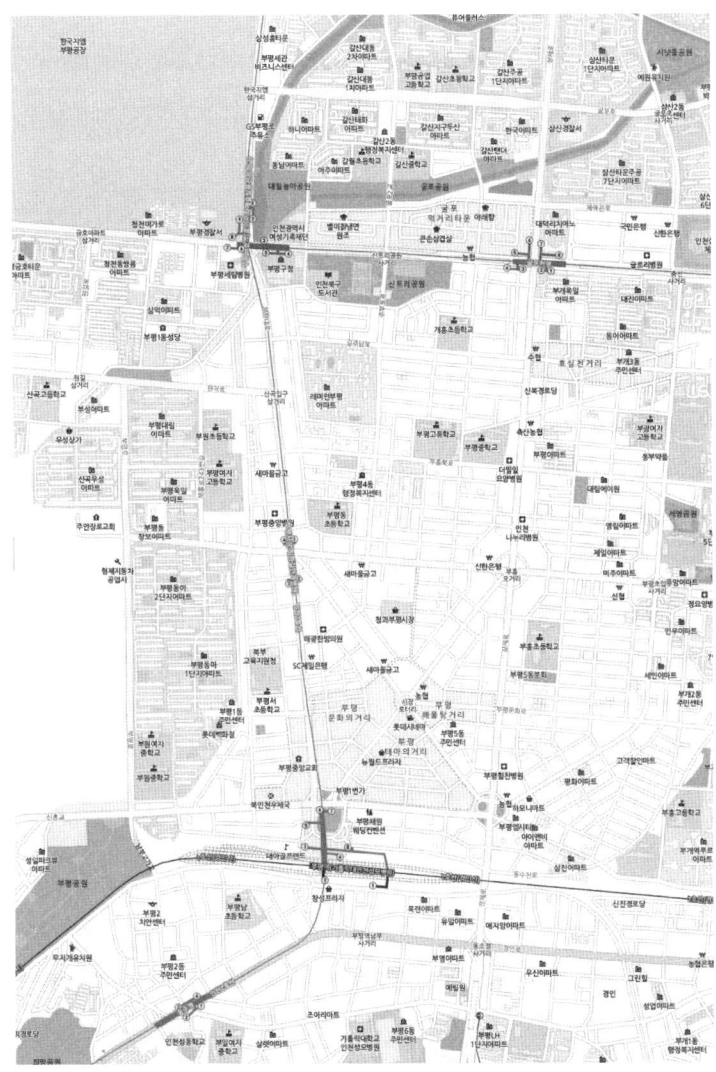

〈그림 10. 부평동 지도, 출처: 네이버지도〉

부평동과 조금 더 친해지다.

다섯 번째 월세 부동산을 만들면서 나는 부평동과 조금 더 친해졌다. 내 월세부동산이 있기 때문에 좋아 보이는 건 사실이다.

좋은 곳이기 때문에 월세 부동산을 심어 놓은 것이고 그래서 더 좋아 보이는 것은 사람이라면 당연한 것 아닐까? 다섯 번째 월세 부동산은 부평역 인근이었다.

부평역은 지하철 1호선과 인천 1호선 환승역으로 부평역 역사 규모만 어마어마하게 큰 곳이며 부평역 앞은 어마어마한 상권을 보여준다. 지하상가에서 길을 찾기가 쉽지 않다. 그만큼 거대한 곳으로 사람들이 몰리는 지역이다.

왜 이곳에 월세 부동산을 만들었을까? 일종의 감이다. 부평에서만 몇 건의 월세 부동산을 만들었고 부평동을 돌아다니며 부평동 곳곳마다 그곳의 느낌을 알아가기 시작했다.

부평 역도 마찬가지다. 세부적으로 나누면 부평역 북부, 남부로 나눌 수 있는데 다섯 번째 월세 부동산을 만들어놓은 곳은 내 감으로 괜찮다고 느껴진 곳이기 때문이다.

〈그림 11. 부평역 인근〉

좋은 것만 보고 싶다.

예전에 어디선가 본 적이 있다

"꽃길만 걷게 해드리겠습니다."

좋은 것만 주겠다는 의미겠지? 난 신축만 하다 보니 신축이 좋아졌다. 수리할 필요도 없고 잘만 하면 투자금액이 많이 들어가지도 않는다.

무엇보다 새것이지 않나? 누구라도 새 집에 들어가서 살고 싶어 한다. 그래서 난 그냥 신축이 좋았고 신축이 잘 맞았다.

그렇게 부평역 인근의 신축을 계약했고 여느 월세 부동산과 마찬가지로 잔금과 월세 세입자 임대 세팅 과정을 거쳐

다섯 번째 월세 부동산이 마무리되었다.

월세 부동산을 만드는 이유는 무엇일까

좋은 걸 먹고, 좋은 옷 입고, 좋은 차 타고, 좋은 집에 살고, 물론 남들에게 보이는 것도 있겠지만, 나 스스로가 만족하고 편안하고 여유로운 삶을 누리기 위함 아닐까?

그것이 나에게 좋은 것 아닐까? 그런 좋은 일들만, 좋은 것들만 보고 싶기 때문에 돈을 많이 벌고자 하는 것일 것이다.

그 과정을 월세 부동산이 더 수월하게 만들어줄 것을 믿기 때문에 나는 월세 부동산을 계속해서 만들어갈 것이다. 이 책을 읽는 당신도 그 방법을 알기 위해, 보다 많은 실전 경험들을 알기 위해 이 책을 읽고 있는 것 아닌가?

그리고 이렇게 월세 부동산을 늘려가 임대 소득이 점점 커지면 궁극의 목표인 인류를 위한 신규 에너지 개발 사업이 보다 수월하게 진행될 것이라고 나는 굳게 믿는다.

〈표 7. 다섯 번째 월세 부동산(투자내역)〉

매입가(1)	17,100만원	보증금(4)	3,000만원
매입경비(2)	250만원	월세	60만원
총 매입액 (1)+(2)	17,350만원	월 이자	43만원
대출금	13,900만원	월 순익	17만원
투자금(3)	3,450만원	연 순수익	204만원
실투자금 (3)-(4)	450만원	연 수익률	5.9%

나의 꿈을 향해.

월세 부동산을 만들기 시작하면서 내 삶에 작지만 아주 큰 변화가 생겼다. 내 꿈이 명확해진 것이다. 월세 부동산을 만들어가는 과정에서 현재 나의 모습을 되돌아볼 기회를 가질 수 있었다.

지금 내가 가지고 있는 것, 할 수 있는 것, 앞으로 할 것, 좋아하는 것, 잘 하는 것, 등에 대해 알아볼 수 있는 시간을 가졌고, 무엇보다 중요한 건 내가 정말 하고 싶었던 일이 무엇이었는지 깨닫게 되었다는 것이다.

단순히 평소에 하고 싶었던 것, 기분 좋아지는 일들이 아닌 궁극적으로 내가 삶에서 원하는 것, 내 인생에서 꼭 이루고 싶은 것이 무엇인지 찾게 되었다.

월세 부동산은 그것을 가능하게 해준다. 월세 부동산을 만드는 과정에서 진정한 나를 발견하였다. 내가 어떤 방향으로 나아가야 할지 방법을 알 수 있도록 도와주었다. 그리고 그 방향으로 갈 수 있게끔 도움을 주었다.

당연히 아직 그 도움이 크진 않다. 하지만 지금까지 만들어왔던 월세 부동산들과 그간의 경험으로 앞으로는 더 많은, 더 큰 월세 부동산들을 만들어 갈 것이고, 가까운 미래에 그들은, 나를 내 꿈으로 데려다줄 것이다.

직장인, 월세 받는 빌라 한 채 가지기

PART _ 4
월세 받기 전에 꼭 알아야 할 것들

"두려움이란 모르기 때문에 오는 것이다. 정확히 알고, 대비하고, 투자하는 자세가 필요하다."
- 전 권 영 -

전권영의 〈직장인, 월세 받는 빌라 한 채 가지기〉
발품은 반드시 필요하다

손품으로 열심히 검색해서 내 마음에 드는 물건을 선별했다면 다음은 발품이다. 요즘은 라면이나 생수 같은 생활용품도 인터넷으로 주문하는 경우가 많아졌다.

하지만 여전히 무언가 물건을 구입할 때는 직접 움직인다. 장을 볼 땐 대형마트나 재래시장에 간다. 자동차를 구입할 땐 신차나 중고차 전시장에 직접 가본다.

휴대폰을 새로 살 땐 오프라인 전시장에 가본다. 특히 옷을 살 때는 내 몸에 맞는지 디자인이나 소재는 어떤지 눈으로 확인하고 입어보기 위해 오프라인 매장을 찾는다.

수천만 원 이상 하는 수 억 원 대인 부동산은 어떻겠는가? 당연히 직접 가봐야 한다. 주소지가 정확히 맞는지, 그 주변 동네 분위기는 어떤지 꼭 확인해보자.

현재 시세는 어느 정도에 거래되는지 알아야 한다. 물건은 사진과 비교해 다른 곳은 없는지, 물이 새 거나 곰팡이가 있지는 않은지, 환기는 잘 되는지, 방향은 어느 쪽인지 확인해야 한다.

역세권인지, 버스 승차장이나 지하철역과는 걸어서 몇 분이나 걸리는지 등등, 직접 가서 봐야만 알 수 있는 정보들이 있다.

이런 부분들은 반드시 현장에서 눈으로 확인해 봐야만 한다. 일단 소유권 이전이 되어 내 집이 되면 다시 매매하기까지 시간이 얼마나 걸릴지 모르기 때문이다.

전권영의 〈직장인, 월세 받는 빌라 한 채 가지기〉
신축빌라 투자 이건 반드시 확인하자

수익률의 유혹, 자신과의 대화가 필요해

근본적인 질문을 몇 가지 던지겠다. 부동산 투자를 왜 하려고 하는가? 대부분 부자가 되고 싶어서 일 것이다. 그럼 부자는 왜 되고 싶은가? 내가 하고 싶은 것을 돈 걱정하지 않고 편하게 하면서 행복하게 살기 위함일 것이다.

그럼 하고 싶은 것은 무엇인가? 당신이 생각하는 행복이란 무엇인가? 이것은 아주 본질적인 문제이며, 꼭 한 번은 깊이 생각해 보아야 할 중요한 문제이다.

투자를 하다 보면 흔들릴 때가 있다. 그럴 때마다 나의 목표가 흔들릴 수 있다. 투자자를 흔들리게 하는 이유는 여러 가지가 있다.

그럴 때마다 투자에 대한 확고한 목적과 목표가 없다면 투자를 몇 건을 하더라도 무의미해지고 공허해진다. 흔한 말로 '현타(현자타임)'가 오는 것이다.

투자를 시작하고자 마음먹었다면, 무엇을 위해 투자를 하려고 하는지 구체적으로 생각해볼 필요가 있는 게 아니라 생각해야만 한다.

길거리를 방황하고 있나? 단칸방에서 월세방에서 매달 월세의 압박에 시달리고 있나? 집주인이 월세 올린다고 전세금 올린다고 압박하나?

매달 받는 월급도 통장에서 스쳐 지나가기만 할 뿐 잡히는 게 없나? 정말 절실한가? 간절한가? 지금의 상황에서 벗어나고 싶나? 축하한다. 적어도 당신은 그런 강한 열망과 의지를 갖고 지금 이 책을 보고 있지 않은가?

당신은 그곳을 아는가?

월세 투자를 하면서 가장 위험한 것들 중 하나는 잘 모르는 곳에 투자하는 것이다. 물론 나도 처음 투자는 묻지 마 투자였다. 지인들이 투자한 곳이기 때문에 걱정 없이, 단 '1'의 의심도 없이 투자했다.

　이건 두 가지로 볼 수 있다. 어떻게든 눈에 보이는 게 없이 무대뽀로 진행해서 어떻게든 한 건의 투자를 성공시켰다는 점. 아무런 정보 없이 지인이 투자했다는 이유만으로 투자를 진행한 점.

　잘 모르는 곳에 투자를 할 경우 가장 나쁜 결과는 이런 것이다. 뉴스를 보다 보면 가끔 땅 투자나 건물 투자로 수억 수십억을 날린 사례를 간혹 볼 수 있을 것이다.

　한 번쯤은 아마 보았을 것이다. 아주 극단적인 예가 그런 것이다. 그리고 주변에서 그런 피해만 들리다 보니 부동산 투자하려는 걸 주변에서 말리는 것이다.

　여기서 한가지 팁을 주자면 주식이든 부동산이든 주변에서 누가 대박 났다는 소문은 잘 못 들어봤을 것이다. 왜냐면 내가 부자가 되면 생각보다 자랑을 하기가 쉽지 않아진다.

　주변을 의식하기 때문이다. 그래서 주변엔 부자를 찾기가 어렵고 투자로 성공한 사람들을 만나기가 쉽지 않은 것이다. 그런 실제 성공담은 투자 카페에 가면 그나마 자주 접할 수 있다.

다시 돌아와서, 투자하려는 지역을 잘 모를 경우 낭패를 볼 확률이 높아진다. 난 아직은 그런 심한 낭패를 본 적은 없지만 주변 지인들의 이야기를 들어보면 정말 안타까운 경우를 보게 된다.

월세가 안 맞춰져서 8개월 동안 은행 이자를 본인 돈으로 납부한다던가, 실매매 가격보다 비싸게 주고 구입해서 손해를 봤다던가 이런 식이다.

물론 투자를 시작하기 전에 정말 열심히 공부한다고 나는 믿는다. 하지만 실제로 내가 투자를 할 땐 그렇지 못한 경우가 종종 있다. 왜? 바로 수익률 때문이다.

'거긴 아니야.'
'안 돼, 거긴 하지 말랬어.'

이성적으로 아무리 이렇게 생각하는 지역이라도 수익률이 다른 지역보다 어마어마하게 높다면 흔들리게 마련이다. 인간의 본성은 너무나 당연하기 때문에 숫자가 큰 쪽으로 마음이 갈 수밖에 없는 것이다.

노파심에라도 다시 한 번 말한다. 투자하려는 지역에 대한 공부는 꼭 필요하다. 그 지역의 전문가가 되지 않아도 된다.

적어도 시세와 거래량, 주변 환경 등은 꼭 살펴보자.

숫자와의 싸움

숫자는 투자를 시작하게 되면 가장 익숙해져야 할 친구다. 정말 익숙해져야 한다. 수익률 표를 한번 만들어 놓으면 크게 변동되는 항목은 없고 숫자만 바뀌게 된다.

아마 몇 번 해보면 머릿속에 자동으로 그려질 것이다. 집에서 인터넷으로 부동산 매물을 살펴보면 아마 1시간 동안 수십 건을 볼 수 있을 것이다.

그중에 관심 있는 물건들 몇 개를 골라서 수익률 표를 만들어봐라. 하다 보면 어느새 가격만 봐도 수익률이 그려질 것이다.

여기서 주의해야 할 점은 암산으로 하다 보면 다 거기서 거기일 때가 있다는 것이다. 그 가격이, 그 월세가, 그 보증금이 이 물건에 대한 것은 맞는지 아까 보았던 물건에 대한 것은 아니었는지 헷갈리게 된다.

투자를 하기 위한 물건이 추려졌다면 해당 물건에 대한 정보 표, 파일, 수익률 표는 반드시 따로따로 각각 건별로 준비하자. 보기에도 좋고 내심 뿌듯함도 느낄 수 있다.

직장인, 월세 받는 빌라 한 채 가지기

PART _ 5
내 인생, 그리고 가족의 인생을 위한 시작

"내 인생도 한번 뿐이며, 가족의 인생도 한번 뿐이다."
- 전 권 영 -

전권영의 〈직장인, 월세 받는 빌라 한 채 가지기〉

뿌듯한 경험(실거주 편)

투자를 여러 건 진행하고 부동산 업계에 발을 들이면서 수많은 사람들을 만났다. 나와 함께 하면서 실 거주 집을 마련한 분들, 부동산 투자를 시작하게 된 분들이 많다. 그중 몇 가지 에피소드들을 소개하겠다. 분명 여러분도 도움이 될 것이다.

집 한 채면 됩니다

뜬금없이 전화벨이 울렸다. 원래 전화벨은 뜬금없이 울린다. 예고가 없다.

"○○동에 빌라 하나 있나요?"

목소리만 들어도 알 수 있었다. 어르신이었다. 지긋하신. 차근차근 하나하나 알아가며 어르신의 목소리에 귀 기울였다. 본인의 사정과 현재 생활수준, 거주자 수 등을 상세히 말씀해 주셨다.

"집 한 채면 됩니다."

누구나 할 수 있는 말이었다. 누구나 하고 싶은 말일 것이다. 그냥, 그저 내 몸, 내 가족 들어가서 편하게 살 수 있는 집 한 채, 그거면 된다는 말이지 않을까?

어르신의 그 말 한마디에 갑자기 울컥해졌다. 눈물이 날 뻔했다. 전화상으로 그리 길지 않은 통화였지만 어르신의 몇 마디가 나의 마음을 이렇게 움직일 줄은 몰랐다.

사실 집은 많다. 요즘 시대 사람들은 휴대폰으로 또는 인터넷 포털 사이트를 검색하면 원하는 집을 금세 찾을 수 있다. 오히려 그렇게 검색이 쉽기 때문에 정작 진짜 원하는 집을 찾기가 어려울 수도 있다.

수많은 집이 있었지만 어르신께서 좋아하실 만한 집을 최대한 압축했고 최종적으로 2개의 집이 후보에 올랐다. 고객을 만나는 일은 언제나 즐겁고 흥분되고 기쁜 일이다.

어르신을 만나러 가는 동안 어르신께서 마음에 들어 하실지 걱정보다는 분명 마음에 들어 하실 거라는 생각과 어르신께서 원하는 바를 이루는데 내가 도움을 드린다는 생각에 정말 기뻤다.

두 집 다 마음에 들어 하셨다. 어차피 필요한 건 집 한 채였지만 두 집을 돌아보시며 그 집에서 어떻게 살지 생각하며 행복한 고민을 하시는 어르신을 보니 정말 기분이 좋았다.

얼굴 없는 미남

고객은 전화만 하는 것이 아니다. 문자로도 연락을 해오고 이메일로도 연락을 해온다. 이 분은 전화 한통 없는 고객이었다.

가끔 이메일, 가끔 문자. 보통은 집을 보거나 투자를 하려는 고객들은 어느 정도 확신이 있고 정말 할 생각이 있는 사람들이기 때문에 자주 연락이 온다.

이분은 정말 연락이 없었다. 그랬기 때문일까? 몇 번 연락을 하지는 않았지만 이분에게 오는 연락은 왠지 모르게 반가웠다.

정말 친한 친구들끼리는 자주 연락하지 않아도, 자주 만나지는 못하더라도 바로 어제 본 것처럼 친근한 느낌. 그런 것과 비슷했다.

그런 이상한 친근감 때문이었을까? 어느 때부턴가 연락이 잦아졌다. 한 달에 한 번 연락 올까 말까 하던 분이 2~3주에 한번 2주에 한번 연락이 오게 된 것이다.

왠지 모를 기대감이 들었다. 어찌 되었든 조만간 한 번은 만나 뵐 수 있을 것 같다는 느낌이 들었다. 고객들과 연락을 주고받다 보면 꼭 좋은 일만 있는 것은 아니다.

물론 나쁜 일이 있었던 적은 없지만 시간이 가면 갈수록 점점 아날로그의 감성이 지워지는 듯한 느낌이 드는 것은 어쩔 수 없나 보다.

불과 20년 전만 해도 핸드폰이라는 것은 정말 귀했다. 90년대 초 핸드폰이 우리나라에 보급되었고 90년대 말 청소년들도 점차 플립폰과 폴더폰을 소지하고 다니게 되었다.

그 이전에는 집에서 집으로 전화 연락, 그리고 편지가 주된 소통 방법이었다. 핸드폰 보급이 빠르게 확산되면서 국민 대부분이 휴대폰을 소지하게 되었다.

실시간으로 장소에 구애받지 않고 전화나 문자가 가능해지면서 약속을 잡는 것도, 약속을 취소하는 것도 쉬워졌다. 사람 간의 만남이 가벼워진 것이다. 가끔은 휴대폰이 없던 세상이 그립기도 하다.

이런 시대에 가끔 주고받는 연락은 과거를 회상하기에 충분했다. 애틋함이 있는 것은 아니었지만 뭔가 편지를 주고받는 느낌?

오랜 시간 주고받은 메시지와 이메일 덕분에 상담은 충분했고 고객과 만나 집을 보여드렸을 때 만족하는 모습을 볼 수 있었다.

진짜 되나요?

부동산 일을 하다 보면 참 다양한 사람들을 만난다. 부동산 업계에 있기 때문에 부동산을 취득하기 위한 다양한 방법을 적어도 나는 알고 있지만 대부분의 사람은 그렇지가 못하다.

각각 업무분야가 다르기 때문이다. 난 이쪽 일에 대해 잘 알고 있듯이 다른 이들은 자신의 분야에 대해 잘 알고 있을 것이다.

내가 하는 역할은 투자를 하려는 사람과 내 집 구하려는 사람들에게 그에 맞는 집을 보여주고 매입을 하는 일을 도와주는 일이다. 따라서 나를 만나는 사람들은 대부분 이런 말을 한다.

"진짜 그렇게 돼요?"

당연히 된다. 안 되는 말을 하지 않는다. 수도 없이 겪는 일이지만 당사자는 전혀 모르는 일이기 때문에 들어보면 놀란다. 처음 겪어보는 상황이니 당연하다.

이분도 마찬가지였다. 이렇게 말하는 경우는 부동산 취득이 처음인 사람들이 대부분이다. 처음 하기 때문에 모르는 게 많다.

이런 분들일수록 차근차근 차분하게 하나하나 모두 설명해드린다. 재미있는 건 알려드리면 알려드릴수록 질문하는 횟수가 점점 늘어난다.

내가 아는 한도 내에서는 끝까지 다 알려드린다. 부동산 투자 또는 내 집을 구할 때 모를수록 위험해지는 경우가 많기 때문이다.

난 어떤 투자나 거래를 할 때 전문가를 만나는 것도 중요하지만 사람을 잘 만나는 게 더 중요하다고 믿는다. 정말 좋은 사람을 만나 성공할 수도 있지만 사람 한번 잘못 만나면 패가망신도 한순간이기 때문이다.

처음 이분에게 전화를 받았을 땐 전셋집을 구하려고 하셨다. 신혼부부였는데 집을 사기엔 부담이 컸던 것이다. 요즘 아파트값은 신혼부부라면 감히 엄두도 못 낼 만큼 어마어마하게 올랐다.

나도 사실상 아파트를 살 수 있을까 생각이 들 때도 있으니 말이다. 물론 방법이 없는 것은 아니지만 함부로 덤비기엔 가격이 너무 높은 것은 사실이다.

따라서 어떤 물건인지 고르지도 않고 무조건 전세가 있는지 알아보고자 나에게 전화를 건 것이다. 난 무조건 고객에게 전화가 오면 물건 브리핑보단 고객의 전후 사정을 듣는다.

지금 어디에 살고 있는지, 누구와 몇 명이서 거주 중인지, 어디로 이사 가려고 하는지 왜 이사 가려고 하는지, 어떤 집에서 살고 싶은지 가능한 물어볼 수 있는 것은 다 물어본다.

그래야 집을 보여주더라도 만족을 할 수 있기 때문이다. 돈에 맞추는 건 정말 쉽다. 보유한 자금에 맞춰 보여주면 된다. 하지만 우리는 사람이다.

각자 사정이 있고 원하는 바가 있다. 그리고 감성이 있다. 정말 기계라면 현재 처한 자금 사정에 맞는 집에 들어가겠지만(실제로 자금만 맞춰진다면 어느 집이든 상관없는 분들도 있다. 아주 가끔) 우린 감성을 가진 사람 아닌가?

조금이라도 더 나은 집, 좋은 집에 들어가서 살고 싶고, 나 또한 조금이라도 더 만족하는 모습, 기뻐하는 모습을 보고 싶었다.

전후 사정을 들은 후 어디 어디 어떤 집이 있다는 말보단 현재의 자금 사정으로도 충분히 내 집이 가능하다는 말을 전했다. 그리고 자주 듣던 말을 듣게 되었다.

"진짜 그게 돼요?"
"네. 됩니다^^"

그렇게 그들과 만났고 정말 마음에 들어 하는 집을 만날 수 있게 도와드렸다. 지금 그분들은 행복하게 잘 살고 있다.

전권영의 〈직장인, 월세 받는 빌라 한 채 가지기〉
뿌듯한 경험(투자 편)

플피로 연봉 만들기

사람이 정말 의지만 갖고 있다면 다 된다는 걸 알게 된 사례다. 보통 요즘 직장인들의 연봉, 대졸 초임이라고 가정하자, 그것도 대기업 기준이다.

아마 3,000~4,000만 원 중후반으로 보면 되려나? 기업마다 다 다르지만 이 정도라고 생각해보자. 이미 알고 있겠지만 내가 중소기업에 처음 입사했을 땐 이보다 훨씬 적은 연봉을 받았다.

지금 사회 초년생들이나 취업을 준비하는 이들에게 정말 진심 어린 박수를 보낸다. 월급을 받고 있는 사람이라면 아마 더 많은 월급을 받고 싶은 생각을 누구나 할 것이다.

만약 당신이 아직 미취업 상태이거나 이직을 준비 중이라면 마찬가지로 보다 높은 연봉을 주는 회사로 취업하는 것을 원할 것이다.

사람은 누구나 마찬가지다. 더 나은 조건을 원한다. 지금 소개할 분은 직장인이다. 정말 누가 봐도 평범한 직장인이다. 어느 날 갑자기 전화를 받았는데 나에게 느닷없이 질문을 던졌다.

"플피가 뭐예요?"

다짜고짜 하는 질문에 적잖이 당황했다. 누군지도 모르고 어디 사는지, 뭐 하는 사람인지도 모르는데 전화를 걸자마자 하는 말이 이랬다. 어떻게 보면 참 재미 나단 생각이 들었다.

이렇게 돌려 말하지 않고 직접 원하는 걸 물어보는 건 정말 좋다. 아주 바람직하다. 이건 물어보는 사람이나 답을 주는 사람 모두 서로 편하다. 그렇게 전화상으로 참 기나긴 상담이 이어졌다.

누구나 더 나은 생활, 더 여유로운 생활을 하고자 하는 욕구는 인간의 본능이기에 이런 직설적인 질문과 강한 욕구를 표출하는 사람에게 나는 더 끌린다.

원하는 게 분명하고 그 분명한 목적을 나에게 정확히 전달해 주기 때문이다. 이분에게 내가 해준 일은 아주 간단하다.

첫 번째, 플피투자가 무엇인지 알려주었다. 단순히 플피투자라고 한다면 여러 가지 방법(사실 그리 다양한 건 아니다)을 알려주었다.

어떤 방식으로 투자를 하는 것인지? 할 수 있는 투자물건에는 어떤 것들이 있는지, 자금 수준에 따라 할 수 있는 분야에 대해 알려주었다.

두 번째, 왜 플피 투자를 하려는지에 대해 명확하게 짚어주었다. 사람들은 부자가 되고 싶어 한다. 일단 돈이 많길 바란다. 그것도 맹목적으로 말이다.

그저 돈이 많고 보면 후일은 그때 가서 생각해도 된다는 마인드다. 하지만 이런 막연한 이유 때문에 부자가 되지 못한다는 것을 그들은 아직 모르고 있다. 플피 투자를 왜 하려고 하는지에 대해 다소 긴 시간 상담을 진행했다.

단지 현금이 필요하다기보단 추후 본인의 미래에 플피 투자와 보유 부동산, 현금 흐름 등이 어떤 영향을 줄 것인지,

어떤 미래를 본인은 그리고 있는지 보다 구체적으로 그려보도록 했다.

세 번째, 현재 최선의 방법을 택할 수 있도록 도왔다. 현재 상황을 정확하게 파악했고 지금 당장 무엇을 할 수 있는지, 어디에서부터 어떻게 시작해야 하는지 명확하게 짚어주었다.

그리고 시작부터 끝까지 나와 함께 했다. 나도 진행과정에서 적잖이 놀랐지만 그분 또한 처음 시작하기 전 생각과는 달리 실질적으로 겪은 결과에 대해 만족하면서 연신 고마움을 전했다.

"정말 여기까지 올 줄은 몰랐습니다. 정말 고맙습니다!"

1년이 채 안 되는 시간 동안 이분은 본인의 연봉보다 더 많은 플피를 만들었다. 해보니 되더라.

처음이에요

고객들을 만나다 보면 정말 다양한 분들을 많이 만난다. 그리고 대부분은 투자가 처음이다. 처음이라는 것은 참 좋다. 그리고 좋지 않기도 하다. 참 아이러니하다.

투자를 아직 시작하지 않았을 뿐이지 이미 전문서적들을 섭렵하고 오신 분들, 이분들은 아는 것이 상당히 많다. 내가 세상 모든 일을 다 알 수는 없다.

따라서 이분들과 상담을 진행하다 보면 오히려 나보다 더 잘 알고 있거나 다른 분야의 지식까지 많이 알고 있는 분들이 있다.

또 다른 한편으로는 투자의 '투'자도 모르는 분들이다. 정말 아무것도 모르지만 주변에서 투자를 했다는 이야기를 듣고 본인도 뒤처질 수 없다는 생각으로 오신 분들이다. 이분들은 정말 하나부터 열까지 모두 상세하게 설명해드려야 한다.

한쪽은 나는 듣기만, 한쪽은 열심히 설명을 해야만 하는 집단으로 나뉘지만 공통점은 투자를 하기 위해 나를 찾아온 분들이라는 점이다.

내가 거주할 집을 찾기 위해 나를 찾아왔다가 집을 마련하시고 투자까지 함께 진행하시는 분들도 많이 있었다. 이번에 소개할 분은 주부다. 아무것도 모르는 주부셨다.

친구 따라 강남 간다고는 하지만 이분은 친구 따라온 것은 아니고 친구들이 하다 보니 본인도 해야겠다는 생각에 나를 찾아오신 분이었다.

이상하게 나는 주부들과 이야기를 하거나 상담을 할 때 굉장히 편하다. 그들과 대화를 할 때는 내 마음이 편해진다. 그분들의 이야기를 듣고 있자면 소소한 삶의 행복들이 느껴진다.

마치 친구와 대화하듯 상담이 이어졌다. 어떻게 살고 있는지, 투자는 왜 시작하게 되었는지, 투자를 하면 삶이 어떻게 바뀌길 기대하는지에 대해 자세한 대화가 오고갔다.

투자를 함으로써 무엇을 얻고 싶어 하는지, 정말 긴 시간 편하게 상담하다 보니 시간 가는 줄 몰랐다. 아무것도 모르고 시작한 투자였기에, 이분에게도 분명한 목표를 만들어주었고 하나하나 함께 목표를 달성해 나갔다.

목표를 가지고 그것을 달성해 나가는 일, 누군가와 함께 간다는 일 이 두 가지는 참 멋지고 행복한 일이 아닐 수 없다.

지금도 진행 중인 이분의 투자활동은 본인뿐만 아니라 도움을 주고 있는 나도 함께 성장할 수 있는 아주 멋진 기회가 되었다.

시작점은 언제나 다르다. 하지만 언제고 지금 막 투자를 시작하려는 분들과 내가 함께 할 수 있다는 사실에 감사한다.

멀지만 괜찮아

당신은 어디에 살고 있나? 간혹 상담을 하거나 강의를 할 때 고객으로부터 듣는 말이 있다.

"너무 멀어요."

아직 미국에서 온 사람들은 없었지만 본인이 정말 간절하다면 멀리서도 와야 한다. 반드시 꼭 하고야 말겠다고 생각한 분들은 강원도, 충청도, 심지어 제주도에서도 온다.

그만큼 간절한 것이다. 그렇게 간절한 마음을 가지고 있기 때문에 무엇을 해도 적극적이고 그 적극적인 마인드는 다시 좋은 결과물로 되돌아오게 되는 것이다.

서울 시내는 어디를 가든 한 시간 정도는 생각해야 하는데 재미난 것은 경기도도 마찬가지라는 것이다. 물론 한 시간은 더 걸린다.

서울 안에서 이동하는 것이나 서울에서 가까운 경기도로 이동하는 것에는 크게 차이가 나지는 않는다는 것이다. 경기도 화성은 멀다면 멀 수도 가깝다면 가깝다고도 할 수 있다.

여기 화성에서 온 고객이 있다. 상담을 해보니 투자가 처음은 아니었다. 아파트 갭투자를 한 채 했었고 경매로도 부동산을 취득한 경험이 있는 분이었다. 그래서일까?

말이 잘 통했다. 내가 하는 말을 바로 알아들었고 어떻게 진행되는지 수익률과 실투자금에 대한 이해도 빨랐고 지역에 대한 이해도 빨랐다. 그렇다고 해도 서두르지는 않았다.

돌다리도 두드려보라고 하지 않나? 모든 투자는 결정은 과감해야 하지만 그 과감함을 보여주기 전까지는 신중에 신중을 기해야 하기 때문이다.

갭투자와 경매 경험을 해본 터라 나 또한 함께 투자를 진행하면서 많은 도움을 받았다. 아무리 전문가라도 해당 분야를 넘어서면 모르는 게 많다.

모를 땐 겸허한 자세로 적극적으로 배워야 한다. 그렇게 그분과 온 오프라인을 통해 많은 대화를 나누다 보니 지금까지 해왔던 투자 못지않게 만족스러운 결과를 만들 수 있게 되었다.

직장인, 월세 받는 빌라 한 채 가지기

PART _ 6
당신의 꿈은 무엇인가?

"나는 월세 하나로 작게 시작해서, 세계적인 리더의 길을 간다!"
- 전 권 영 -

전권영의 〈직장인, 월세 받는 빌라 한 채 가지기〉
일론 머스크가 되고 싶었다

정말 막연했다. 뭘 해야 할지 몰랐다. 부모님의 강한 권유로 명문대에 진학했지만 목적이 없었던 난 당연히 성적이 좋지 못했다. 내 성적은 나만 알고 있다.

학교 성적은 형편없었지만 명문대 생이라는 압박에 대기업에는 취직해야겠고, 당연히 취업은 어려웠다. 도망치듯 들어간 대학원. 다행히 정말 멋진 분을 교수님으로 만나 중요한 깨달음을 얻을 수 있었다.

그래도 여전히 뭘 해야 할지 몰랐다. 생각하고, 궁리하고 문제에 대한 원인을 찾고 그걸 해결하기 위해 끊임없이 노력

하고 해결하는 게 내 장점이었지만 그건 누구나 다 하는 거라고 생각했다. 나 스스로에 자신이 없었다.

그러다 어머님께서 입원을 하게 되면서 더 큰 방황을 했다. 돌이켜보면 사실 그때가 가장 행복했던 시간이었을지도 모른다는 생각이 든다. 혹시 이런 생각 해본 적 있지 않나?

'내가 10년만 젊었어도'
'지금 내가 중학생이면 진짜 공부 열심히 할 텐데'
'초등학교 때로 돌아가고 싶다'

이런 생각 말이다. 나 또한 이런 생각들을 자주 해 보았다. 지금은 과거의 그러한 경험들 덕분에 내가 여기까지 올 수 있었다고 생각한다.

난 바닥을 찍어본 적이 없다. 뉴스에 나오는 연예인 파산, 빚을 몇 억씩이나 지게 된 가슴 아픈 사연, 그렇게까지 가본 적은 없다. 그래도 나도 알고 누구나 아는 사실이 있다.

'지금 내가 제일 힘들어'

이렇게 말은 하지만 아무리 힘들어도 더 힘들었던 때를 기억하거나 나보다 더 어려울 이들을 생각하면 난 참 감사한 거라고 생각했다. 적어도 돌아갈 집은 있었다.

집에 돌아가면 나를 반겨줄 사랑하는 가족이 있었다. 내 몸을 누울 내 방이 있었다. 핸드폰이 있어 내 감정을 사람들에게 전달할 수 있었다.

배고프면 주방 냉장고에서 반찬을 꺼내 밥을 먹을 수도 있었다. 참 감사한 삶이다. 지금 방황을 하고 있다면 감사해보자. 어쨌든 당신은 지금 살아있다.

극한의 상황이 아니라 일반인이라면 방황하고 있는 당신은 적어도 두 다리, 두 손 멀쩡한 정상인일 것이다. 주변에 지나가는 사람들이 보일 것이다.

눈앞에 환경이 보일 것이고, 사람들 소리, 자동차 지나가는 소리 등을 들을 수 있을 것이다. 방황하고 있다면 그대로 방황해도 좋다. 그러다 보면 분명 한가지 생각이 떠오를 것이다.

'이대로는 안돼'

그때부터 당신의 삶이 바뀌기 시작한다.

모티브

대학교 진학 전까지도 책을 자주 읽었다. 초등학생 때는 부모님의 권유 아닌 권유로 위인전이나 과학동아 같은 책을 자주 접했다. 태생이 이공계여서 였을까? 과학에 흥미가 강했다.

더군다나 부자가 되고 싶었기 때문에 부자가 된 사람들 중에서도 과학 쪽에 몸담은 사람들에 관심이 갔다. 서점에 가면 제목보단 표지 사진을 주로 보았다.

아무래도 따라 하고 싶은 사람이 있다면 내 마음에 들어야 하지 않겠는가? 그렇게 난 일론 머스크를 만나게 된다. 그가 아이언맨 영화에도 출연한 적이 있다는 것은 나중에 알게 되었다.

꿈을 가지다

일론 머스크가 남긴 책 들을 읽으면서 확실한 꿈을 가지게 되었다.

'한국의 일론 머스크가 되자'

일론 머스크의 책을 읽었거나 그에 대해 어느 정도 아는 사람이라면 그가 어떤 길을 걸었으며 어떤 일을 해왔는지, 어떤 성과를 보여주었는지 알 것이다.

그는 현재 민간 우주기업인 SPACE X, 태양에너지 기업인 SOLAR CITY, 전기차 생산기업인 테슬라의 오너이다. 그가 이러한 기업들을 일구고 운영하는 목적은 오직 하나.

'인간을 화성(우주)으로 보내자'

그 하나의 목적을 달성하기 위해 여러 기업을 운영하고 있었다. 얼마나 멋진가? 인류를 위하는 일이다. 우리와 같은 한 명의 인간이 전 인류를 위한 원대한 꿈을 가지고 그 꿈을 이루기 위해 열심히 앞으로 나가고 있는 것이다.

그와 같이 되고 싶었고 그와 같거나 또는 다른 분야에서 나 역시 그런 선구적인 역할을 하고 싶었다. 나는 믿는다. 불가능은 없다고 믿는다. 이런 믿음은 나를 나의 꿈에 가깝게 해 줄 것이다.

전권영의 〈직장인, 월세 받는 빌라 한 채 가지기〉
아이언맨을 꿈꾸는 남자

천진하기만 한 청년

아이언맨을 모르는 사람이 있을까? 물론 있을 수도 있다. 그래도 대부분의 사람은 아이언맨, 토니 스타크, 로버트 다우니 주니어 2세를 기억할 것이다.

2008년이었을 것이다. 그때 개봉했던 영화 '아이언맨'은 정말 충격적이었다. 컴퓨터 그래픽임을 알고는 있었지만 너무나 현실적이었다. 정말 될 것 같았다. 장면 하나하나가 너무 감동적이었다.

'우와~~진짜 멋지다'

보다는

'어떻게 저게 가능할까?'

를 알아보기 위해 아이언맨이 만들어지는 과정만 수십 번을 반복해서 보았다. 물론 만들지는 못했지만 말이다. 그때부터 말도 안 되지만 내가 알고 있는 지식과 인터넷의 도움으로 계획도 없이 실험을 시작했다.

물론 영화였지만 아이언맨의 핵심 원자로인 아크 발전기가 어마어마한 에너지를 생성한다는 것을 알게 되었고 발전기에도 관심을 가지게 되었다. 인류를 위해 무한한 에너지를 공급하자는 생각을 한건 이때부터다.

역시 사람이 답이다

지금 생각해보면 난 정말 사람 복이 많은 사람이다. 지금의 나를 만들어주신 여러 명의 좋은 분들을 만났기 때문이다. 부모님께서 어릴 적 그렇게 많은 책을 집에 두신 이유를 이제는 알 것 같다.

억지로라도 읽게 시키셨던 건 생각이 많은 아이로 크는데 정말 많은 도움이 되었다. 생각이 많은 게 때론 불편할 때도 있다. 정말이다. 대학원 재학 시절 지도교수님께서는 아주 중요한 핵심을 알려주셨다.

'"왜?"라는 질문을 끊임없이 하고 그 답을 찾을 것'

끊임없이 질문하고 파고들다 보면 결국 문제의 본질과 만나게 되고 그것을 해결할 수 있게 된다는 것이었다. 생각이 많은 아이에게 이 하나의 가르침은 정말 크게 다가왔다.

회사 근무 시절 부동산 카페에서 만난 지인들과 부동산 투자 이야기를 하던 중 알게 된 지인이 있다. 이분과 함께 나의 첫 번째 월세 부동산을 만들었으며 지금은 나의 든든한 후원자다.

나의 첫 부동산 투자를 열어준 분이며 이후 모든 투자에 있어 지인의 도움으로 원활하게 투자활동을 할 수 있었다. 그리고 이분의 도움으로 지금의 자리까지 올 수 있었다.

전권영의 〈직장인, 월세 받는 빌라 한 채 가지기〉
토니 스타크가 되고 싶은 남자

　아이언맨은 기계일 수도 있고 첨단 기술의 집약체일 수 있으며 주인공인 토니 스타크일지도 모른다. 아이언맨을 만든 토니 스타크는 태어나서부터 금수저였다.

　뛰어난 두뇌로 언제 어디서나 천재적인 기질을 발휘해 문제를 해결해 나갔다. 사실 아이언맨보다는 그 아이언맨을 만들어낸 토니 스타크가 되고 싶었다.

　영화 속 아이언맨은 위기에 처한 지구를 구하는 영웅이지만 그런 엄청난 힘을 가진 아이언맨을 만들어낸 토니 스타크가 없었다면 아이언맨도 없었을 것이기 때문이다.

기부 광고를 싫어하는 남자

어머님을 닮아서인지 난 눈물이 많다. 특히 텔레비전에서 기부를 위한 비영리단체들의 광고를 볼 때면 눈물이 나곤 했다.

광고를 보고 있자면 광고 속 아이들이 너무나 안타까웠고 지금 나의 생활과는 전혀 다른 현실을 살고 있는 아이들을 이용하는 동정심을 유발하는 그런 광고가 너무나 싫었다.

그런 아이들, 또는 길거리에서 사람들에게 도움을 요청하는 분들을 볼 때면 나는 다짐하곤 했다.

'그들을 위할 수 있는 일을 하자.'

단지 어떤 봉사단체에 돈을 기부하는 것이 아닌 그들이 스스로 무언가를 할 수 있도록 내가 어떤 환경을 만들어주자는 생각이었다.

기업을 만들면 그들이 할 수 있는 일이 분명 있을 것이다. 아이들이 건강하게 자랄 수 있도록 지원이 가능할 것이다. 성인들은 노력의 대가로 스스로 살아갈 힘을 키울 수 있게 될 것이다. 난 그렇게 해주고 싶다.

어떻게든 바꿀 수는 없을까?

정답은 없다. 어디에도 없었다. 질문에 대한 답을 찾으려 할 때면 또 다른 질문이 생기기도 했고 새로운 호기심이 생기기도 했다. 모든 생각은 에너지로 향했다.

그것이 열에너지이든, 전기에너지이든 어떤 에너지이든 활용할 수 있는 방법만 안다면 인류에겐 무한한 축복이 될 것이었다. 참 별의별 것에 관심을 다 가졌던 것 같다.

한때는 펠티어 소자를 활용해 대량으로 에너지를 생산할 수 있는 방법에 대해 고민해 보고, 공기 중에 거의 무한에 가깝게 존재하는 질소 분자들을 어떻게 에너지원으로 쉽게 활용할 수 있는 지도 고민해 보았다.

특히 핵융합발전에 무한 원료로 사용될 수 있는 바닷물에 대한 관심은 언제나 내 머릿속을 맴돌았다. 나는 아이언맨을 만들고 싶었기 때문이다.

에너지 기업을 만들자

결국 내 인생 최종 목표는 에너지 기업을 만들자는 것으로 정해졌다. 누구나 생각할 수 있고 누구나 꿈꿀 수 있는 일이었다. 내가 부동산 투자를 시작하면서 부동산 업계에 뛰어든 이유도 바로 이 때문이었다.

누구나 사람은 본인이 하고 싶은 것이 있다. 그리고 지금 반드시 해야만 하는 일, 해도 그만 안 해도 그만인 일, 할 필요가 없는 일, 하면 안 되는 일 들이 있다.

내가 하고 싶은 일을 하는 것을 원하지만 어디에서 무슨 일을 하더라도 어딘가 소속되어 활동하게 된다면 집단의 틀에 따라야 하고 구속되고 내가 할 수 있는 모든 걸 다 내 마음대로 할 수는 없게 된다.

사실 기업의 오너도 마찬가지다. 하지만 내가 기업을 만들고 오너가 되면 분명 직원으로 일할 때보다는 더 사명을 가지고 보다 더 넓은 시각으로 일을 할 수 있을 거라고 생각했다.

전권영의 〈직장인, 월세 받는 빌라 한 채 가지기〉
부동산 분야에서의 내 사명과 소명

세계 최고의 에너지 기업을 만들기 위한 준비

청년은 자금이 없었다. 그래서 작게 시작했다. 내가 할 수 있는 작은 것부터 시작했다. 부동산을 취득했다는 지인들에게 물어봐서 지금 아주 저렴한, 적은 자금으로도 취득이 가능한 부동산부터 하나하나 매입하기 시작했다.

처음 투자한 월세 물건은 실투자금 약 1300만 원, 두 번째 물건은 실투자금 약 1500만 원 세 번째 물건은 -700만 원, 4번째 물건은 -50만 원 이렇게 하나 둘 월세 물건을 늘려갔다.

지금 월세로만 약 100만 원의 순수익금을 만들었다. 하지만 아직 시작도 하지 않았다고 생각한다. 회사를 운영하려면 여러 가지 비용이 필요하다.

가장 먼저 떠올랐던 건 직원 월급이다. 요즘 월급 100만 원 준다고 하면 일할 사람은 없다. 적어도 160만 원 180만 원 정도는 지급이 되어야 할 것이다.

직원은 한 사람만 고용할까? 영업, 마케팅, 연구, 회계, 재무, 경리 등 한꺼번에는 아니더라도 한 명 한 명 차근차근 직원 수를 늘려간다면 회사의 월 소득은 아마 어마어마하게 많아야 할 것이다.

나는 계속 임대 소득을 늘려가고 있는 중이다. 지금 하고 있는 소형 부동산을 넘어 자금이 모이는 대로 꼬마빌딩을 매입하고, 거기서 다시 중형빌딩, 대형 빌딩 등으로 규모를 키워갈 것이다.

불가능할까? 이미 시작했고 시작하면서 소형부동산을 취득하는 게 가능하다는 걸 배웠다. 지금 당장 대형 빌딩은 안 될 것이다. 하지만 꼬마빌딩은 이미 내 눈앞에 와 있는 듯하다.

지금까지 해왔던 방식으로 나는 반드시 대형 빌딩까지 소유해 임대 소득을 많이 늘릴 것이다. 내가 최종적으로 하고 싶었던 에너지 사업, 신규 에너지 개발 사업을 꼭 이룰 것이다.

  자금의 문제로 문 닫는 일은 없도록 할 것이다. 나와 같은, 내가 겪었던 실업의 경험을 내 직원들은 겪지 않게 할 것이다. 나는 할 수 있다.

  함께 하자. 당신도 할 수 있다. 시작이 어렵다면 내가 했던 방식대로 도와줄 것이다. 010-4807-1852로 전화만 하면 된다.

전권영의 '직장인, 월세 받는 빌라 한 채 가지기'

초판 1쇄 인쇄 | 2018년 11월 22일
초판 1쇄 발행 | 2018년 11월 29일

지은이 | 전권영
발행인 | 최서준
발행처 | 뮤쳐 인베스트
등록일 | 2016년 10월 28일, 제2016-117호
주소 | 서울특별시 동작구 사당로29라길 28, 101호 (사당동)
전화 | 010.4049.2009
메일 | cddmh@naver.com

본 제작물의 저작권은 '뮤쳐 인베스트'가 소유하고 있습니다.
저작권법에 의하여 한국 내에서 보호를 받는 저작물이므로
무단 전제와 무단 복제를 금합니다.

ISBN 979-11-883492-8-9 03320

책값 2만원